KATHIE Y EL HIPOPÓTAMO

MARIO VARGAS LLOSA

KATHIE Y EL HIPOPÓTAMO

COMEDIA EN DOS ACTOS

En cubierta: Original de Paul Klee
"Genios (figuras de un ballet)"

Primera edición: abril 1983

ISBN: 84 322 0475 7

Depósito legal: B. 9.154 - 1983

Impreso en España

A Norma Aleandro

EL TEATRO COMO FICCIÓN

En un París de pacotilla, un hombre y una mujer se ponen de acuerdo para, dos horas cada día, dedicarse a mentir. Para ella es un pasatiempo; para él, un trabajo. Pero las mentiras rara vez son gratuitas o inocuas; ellas se alimentan de nuestros deseos y fracasos y nos expresan con tanta fidelidad como las verdades más genuinas que salen de nuestra boca.

Mentir es inventar, añadir a la vida verdadera otra ficticia, disfrazada de realidad. Odiosa para la moral cuando se practica en la vida, esta operación parece lícita y hasta meritoria cuando tiene la coartada del arte. En una novela, en un cuadro, en un drama, celebramos al autor que nos persuade, gracias a la pericia con que maneja las palabras, las imágenes, los diálogos, de que aquellas fabulaciones reflejan la vida, son la vida. ¿Lo son? La ficción es la vida que no fue, la que quisiéramos que fuera, que no hubiera sido o que volviera a ser, aquella vida sin la cual la que tenemos nos resultaría siempre trunca. Porque, a diferencia del animal, que vive su vida de principio a fin, nosotros sólo vivimos parte de la nuestra.

Nuestros apetitos y nuestras fantasías siempre desbordan los límites dentro de los que se mueve ese cuerpo mortal al que le ha sido concedida la perversa prerrogativa de imaginar las mil y una aventuras y protagonizar apenas diez. El abismo inevitable entre la realidad concreta de una existencia humana y los deseos que la soliviantan y que jamás podrá aplacar, no es sólo el origen de la infelicidad, la insatisfacción y la rebeldía del hombre. Es también la razón de ser de la ficción, mentira gracias a la cual podemos tramposamente completar las insuficiencias de la vida, ensanchar las fronteras asfixiantes de nuestra condición y acceder a mundos más ricos o más sórdidos o más intensos, en todo caso distintos del que nos ha deparado la suerte. Gracias a los embustes de la ficción la vida aumenta, un hombre es muchos hombres, el cobarde es valiente, el sedentario nómade y prostituta la virgen. Gracias a la ficción descubrimos lo que somos, lo que no somos y lo que nos gustaría ser. Las mentiras de la ficción enriquecen nuestras vidas, añadiéndoles lo que nunca tendrán, pero, después, roto su hechizo, las devuelven a su orfandad, brutalmente conscientes de lo infranqueable que es la distancia entre la realidad y el sueño. A quien no se resigna y, pese a todo, quiere lanzarse al precipicio, la ficción lo espera, con sus manos cargadas de espejismos erigidos con la levadura de nuestro vacío: «Pasa, entra, ven a jugar a las mentiras». Un juego en el que tarde o temprano descubrimos, como Kathie y Santiago en su «buhardilla de París», que se juega a la verdad melancólica de lo que quisiéramos ser, o a la verdad truculenta de lo que haríamos cualquier cosa por no ser.

El teatro no es la vida, sino el teatro, es decir otra vida, la de mentiras, la de ficción. Ningún género manifiesta tan espléndidamente la dudosa naturaleza del arte como una representación teatral. A diferencia de los personajes de una novela o de un cuadro, los del escenario son de carne y hueso y viven ante nuestros ojos los roles que protagonizan. Los vemos sufrir, gozar, enfurecerse, reír. Si el espectáculo está logrado, esas voces, movimientos, sentimientos, nos convencen profundamente de su realidad. Y, en efecto, ¿qué hay en ellos que no se confunda con la vida? Nada, salvo que son simulacro, ficción, teatro. Curiosamente, pese a ser tan obvia su naturaleza impostora, su aptitud fraudulenta, siempre ha habido (y siempre habrá) quienes se empeñan en que el teatro —la ficción en general— diga y propague la verdad religiosa, la verdad ideológica, la verdad histórica, la verdad moral. No, la misión del teatro —de la ficción en general— es fraguar ilusiones, embaucar.

La ficción no reproduce la vida: la contradice, cercenándole aquello que en la vida real nos sobra y añadiéndole lo que en la vida real nos falta, dando orden y lógica a lo que en nuestra experiencia es caos y absurdo, o, por el contrario, impregnando locura, misterio, riesgo, a lo que es sensatez, rutina, seguridad. La rectificación sistemática de la vida que obra la ficción documenta, como el negativo de una foto, la historia humana: el riquísimo prontuario de hazañas, pasiones, gestos, infamias, maneras, excesos, sutilezas, que los hombres tuvieron que inventar porque eran incapaces de vivirlos.

Soñar, escribir ficciones (como leerlas, ir a verlas o creerlas) es una oblicua protesta contra la mediocridad de nuestra vida y una manera, transitoria pero efectiva, de burlarla. La ficción, cuando nos hallamos prisioneros de su sortilegio, embelesados por su engaño, nos completa, mudándonos momentáneamente en el gran malvado, el dulce santo, el transparente idiota que nuestros deseos, cobardías, curiosidades o simple espíritu de contradicción nos incitan a ser, y nos devuelve luego a nuestra condición, pero distintos, mejor informados sobre nuestros confines, más ávidos de quimera, más indóciles a la conformidad.

Ésta es la historia que protagonizan la esposa del banquero y el escribidor en la buhardilla de Kathie y el hipopótamo. *Cuando escribí la pieza ni siquiera sabía que su tema profundo eran las relaciones entre la vida y la ficción, alquimia que me fascina porque la entiendo menos cuanto más la practico. Mi intención era escribir una farsa, llevada hasta las puertas de la irrealidad (pero no más allá, porque la total irrealidad es aburrida) a partir de una situación que me rondaba: una señora que alquila un polígrafo para que la ayude a escribir un libro de aventuras. Ella está en ese momento patético en que la cultura parece una tabla de salvación contra el fracaso vital; él no se consuela de no ha-*

ber sido Victor Hugo, en todos los sentidos de ese nombre caudaloso: el romántico, el literario, el político, el sexual. En las sesiones de trabajo de la pareja, a partir de las transformaciones que sufre la historia entre lo que la dama dicta y lo que su amanuense escribe, las vidas de ambos —sus dos vidas, la de verdad y la de mentira, lo que han sido y lo que hubieran querido ser— se corporizan en el escenario, convocadas por la memoria, el deseo, la fantasía, las asociaciones o el azar. En algún momento del trabajo, entre los fantasmas de Kathie y de Santiago que yo trataba de animar, otros fantasmas se colaron, disimulándose entre sus congéneres, hasta ganar, también, derecho de ciudad en la pieza. Ahora los descubro, los reconozco y, una vez más, me quedo con la boca abierta. Las mentiras de Kathie y de Santiago, además de sus verdades, delatan las mías, y, a lo mejor, las de todo el que, al mentir, exhibe la impúdica arcilla con que amasa sus mentiras.

Londres, setiembre de 1982

«La vida, tal como se ha hecho para los hombres,
sólo puede soportarse con la mentira.»

SIMONE WEIL

*«Pensamientos desordenados
acerca del amor a Dios»*

«Go, go, go, said the bird: human kind
cannot bear very much reality.»

T. S. ELIOT

«Four Quartets»

PERSONAJES

KATHIE KENNETY
SANTIAGO ZAVALA
ANA DE ZAVALA
JUAN

La acción ocurre en algún momento de los años sesenta en la «buhardilla de París» de Kathie Kennety.

DECORADO, VESTUARIO, EFECTOS

La «buhardilla de París» de Kathie Kennety no es un lugar caricatural: tiene la verdad de los sitios profundamente creídos, la consistencia de lo real. Kathie, mujer de cierto gusto, ha amueblado su estudio de manera persuasiva, con reminiscencias de las «buhardillas de artista» de los cuadros, novelas, postales y películas, y, también, algo de las auténticas «chambres de bonne» donde se apiñan estudiantes y forasteros pobretones en la margen izquierda del Sena.

En el techo, de dos aguas, se divisan añosas vigas y los muros lucen afiches con la previsible Torre Eiffel, el inevitable Arco de Triunfo, el Louvre, algún impresionista, algún Picasso, y —detalle primordial— la cara o el busto de Victor Hugo. No hay cosas elegantes ni superfluas; sólo las indispensables para dar una idea de confort y calidez: un recinto donde la mujer que lo ocupa se siente a salvo del desorden y la vigilancia del mundo, libre de sacar sus demonios más secretos a la luz para mirarlos cara a cara. Una mesa de trabajo de gruesas tablas, un sofá ancho, ruinoso, atiborrado de mantas, algunos almohadones por el suelo, la grabadora y la máquina de escribir, un pequeño tocadiscos, los obligatorios discos de Juliette Gréco, Léo Ferré, Yves Montand, Georges Brassens, etc. Archivadores, libretas, papeles y algunos libros, pero no demasiados, pues la idea que Kathie se hace de la cultura no es libresca.

El vestuario de Kathie y de Santiago no tiene nada de extraordinario ni anormal. La historia ocurre en algún momento de los años sesenta y esto puede reflejarse en lo que visten. Las ropas que lleva delatan el modesto salario y la vida apretada del periodista y profesor que es Santiago, y no estaría mal que Kathie vistiera, en su buhardilla, un atuendo «bohemia Saint-Germain» de los años cincuenta: pullover negro de cuello tortuga, pantalón ceñido, botas de talón de aguja. El vestuario de Juan y Ana es más impreciso. A diferencia de Kathie y de Santiago, personajes de carne y hueso, que existen contemporáneamente a la acción, ellos son personajes entre recordados e inventados, presentes sólo en la memoria y en la fantasía de los dos protagonistas. Su naturaleza subjetiva —para no decir fantasmal— debería tal vez insinuarse en su indumentaria, aunque sin exageración, evitando toda extravagancia. Una posibilidad es que, puesto que Ana y Juan cambian de psicología, de ademanes, de voces y de nombres al compás de las evocaciones de Kathie y de Santiago, también cambien de vestuario, aunque sea en pequeños detalles —un sombrero, una capa, unos anteojos, una peluca— para subrayar su personalidad translaticia y volátil. Lo mismo puede ocurrir con Kathie y con Santiago cuando desertan su identidad y asumen otra, fabricada por su propia fantasía o la del otro. Pero nada de esto debe ser llevado hasta la irrealidad de lo grotesco, a los disfuerzos del circo, porque *Kathie y el hipopótamo* no es una farsa por la forma exterior de la representación sino por su contexto secreto, la invisible raíz de lo que se dice y se hace en el escenario.

La acción de la obra transgrede los límites convencionales de la normalidad y ocurre en el mundo objetivo y en el subjetivo como si fueran uno solo, moviéndose con entera libertad en una y otra dirección. Los excesos de palabra y de gesto, las distorsiones de la comedia bufa aquí serían contraproducentes, ya que el designio de la obra no es provocar la risa mediante la estilización brutal de la experiencia humana, sino llevar al espectador insensiblemente, mediante las técnicas combinadas del humor, el suspenso y el melodrama, a aceptar la confusión de órdenes separados de la realidad: lo visible y lo invisible, lo sucedido y lo soñado, el presente y el ayer. La vida objetiva se impregna de subjetividad y la vida subjetiva adquiere la concreción física y temporal de lo objetivo. Los seres de carne y hueso tornan a ser, en cierto modo, irrealidad, y los fantasmas, seres de carne y hueso. El asunto profundo de *Kathie y el hipopótamo* es, acaso, la naturaleza del teatro en particular y la de la ficción en general: la que se escribe y se lee, pero, sobre todo, la que sin saberlo practican los seres humanos en su vida diaria.

Los efectos visuales pueden ser útiles en la representación, pero es sobre todo la música, presencia activa, operante, la que va suscitando las distintas atmósferas —París, el África negra, el mundo árabe—, es decir el exotismo de pacotilla de buena parte de la historia.

Tal vez no sea innecesario decir que en esta farsa he tratado, como en mis novelas, de conseguir una ilusión de totalidad. «Total» debe entenderse no de manera cuantitativa sino cualitativa en este caso. La obra no trata de representar extensivamente la experiencia humana sino mostrar que ella es objetiva y subjetiva, real e irreal, y que ambos planos conforman la vida. El hombre habla, actúa, sueña e inventa. No sólo es historia y razón, sino fantasía y deseo; no sólo cálculo, también espontaneidad. Aunque ninguno de los dos órdenes está enteramente esclavizado al otro, ninguno podría prescindir de su contraparte sin destruirse a sí mismo. La irrealidad es un viejo recurso que tenemos para escapar de la realidad cuando sentimos que ella es invivible, pero es también, al mismo tiempo que escapismo, un método de conocimiento sinuoso para entender esa realidad que, si fuéramos incapaces de escabullirnos de ella, sería para nosotros confusión, caos, agobiadora rutina. Las aventuras de la imaginación enriquecen lo real y nos ayudan a mejorar la vida. Si no soñáramos, ella parecería siempre incorregible; si no fantaseáramos, el mundo nunca cambiaría.

Kathie y el hipopótamo se estrenó el 26 de abril de 1983, en el Teatro «Anna Julia Rojas», de Caracas, inaugurando el VI Festival Internacional de Teatro, en Venezuela, de acuerdo con el siguiente

REPARTO

Kathie Kennety	Norma Aleandro
Santiago Zavala	Carlos Carella
Ana de Zavala	Ana María Casó
Juan	José Novoa

Vestuario: María Julia Bertotto

Escenografía: Jorge Sarudiansky

Asistente de Dirección: Mario Morgan

Dirección y puesta escénica: Emilio Alfaro

PRIMER ACTO

Al levantarse el telón, se oye una música parisina, de los años cuarenta o cincuenta. Santiago está dictando en una grabadora, mientras Kathie pasea en torno de él, revisando unos apuntes, rememorando. Cuando comienza a entenderse lo que dicen sus voces, la música de fondo se vuelve una melodía árabe, de flautas, chirimías y tamborcillos...

KATHIE

Me quedé junto a la Esfinge hasta que se hizo de noche y, de repente, se prendieron las luces.

SANTIAGO

Absorta, hechizada, permanezco contemplando la Esfinge sin advertir que cae la noche. De pronto, una luz espectral ilumina su serena sonrisa. Ahí estamos, frente a frente, yo, la mujer de carne y hueso, y ella, la de entrañas de piedra, cabeza enhiesta y garras de león.

KATHIE

Había montones de estrellas. Sentía no sé qué, solita en ese lugar, a esas horas, en medio de tanta tumba egipcia.

SANTIAGO

Deambulo entre sepulcros piramidales y colosos faraónicos, bajo el firmamento nocturno, sinfín de estrellas que flotan sobre El Cairo en un mar azulino de tonalidades opalescentes.

KATHIE

Era una imprudencia estar ahí. ¿Quién me iba a defender en caso de peligro? Pero me acordé de mi revólver y se me quitó el susto.

SANTIAGO

Ningún ser viviente me rodea: ni humano ni animal ni vegetal. Apenas lo advierto, mientras reflexiono sobre la remota humanidad que erigió esos monumentos, los hombres que vivían confundidos con lo ultraterreno como los peces con el agua. Mantengo un silencioso diálogo con la Esfinge. De pronto, mi sueño se triza y la realidad recobra su imperio: ¿qué hago allí, sola, exponiéndome a mil peligros, desde un chacal hambriento hasta un forajido sin alma? Pero me tranquiliza recordar el pequeño revólver de empuñadura de concheperla que me acompaña por el mundo como un perro fiel.

KATHIE

En eso, quién sabe de dónde, se me apareció el tipo. No pude ni gritar. ¡Qué miedo! ¡Qué miedo! ¿Qué me iba a hacer?

Entra Juan.

SANTIAGO

Una figura masculina, de chilaba roja y turbante blanco, surge repentinamente ante mí, como segregada por el aire caliente del desierto o por la historia egipcia. Es alto, delgado, de ojos negros y dentadura blanquísima. ¿Me va a agredir? ¿Me va a afrentar? ¿Debo correr, pedir auxilio, llorar?

KATHIE (*Dirigiéndose, ahora sí, a Santiago*)

No me gusta eso último.

SANTIAGO

Lo borramos, entonces. ¿Desde dónde no le gusta?

KATHIE

Desde que se me aparece el tipo.

Santiago se inclina sobre su grabadora, para borrar la última parte del dictado. Juan se acerca a Kathie. Ambos sufren una transformación: parecen dos jovencitos, charlando en la esquina del barrio.

JUAN

¿Tipo? Querrás decir, enamorado.

KATHIE

¿Tú, mi enamorado? Jajá, permíteme que me sonría.

JUAN

Te permito lo que quieras, menos que no seas mi enamorada.

KATHIE

No soy tu enamorada.

JUAN

Pero lo serás.

KATHIE

¿No te cansas de que te diga no, Johnny?

JUAN

Cuando se me mete algo en la cabeza, soy contra el tren, sapita: me seguiré declarando hasta que me digas sí. Serás mi enamorada, mi novia y terminaremos casándonos, ¿qué te apuesto?

KATHIE (*Muerta de risa*)

O sea que hasta me voy a casar contigo...

JUAN

¿Y con quién te vas a casar si no es conmigo?

KATHIE
Me sobran pretendientes, Johnny.

JUAN
Tú elegirás al mejor.

KATHIE
Qué creído eres.

JUAN
Sé muy bien quiénes se te han declarado. ¿Y por qué los mandaste a todos a freír monos, se puede saber? Porque, en el fondo, te mueres por mí.

KATHIE
¡Qué creído eres, Johnny!

JUAN
Sólo soy creído cuando tengo base. ¿Te lo demuestro?

KATHIE
A ver, demuéstramelo.

JUAN
¿Soy o no soy mejor que Bepo Torres?

KATHIE
¿En qué eres mejor que Bepo Torres?

JUAN

Corro olas mejor que él, que ni puede pararse en la tabla. Además, tengo más pinta que él.

KATHIE

¿O sea que te crees el más pintón del barrio?

JUAN

Me creo más pintón que Bepo Torres. Y también que Kike Riketts. ¿En qué me gana Kike, a ver? ¿Corriendo olas me gana? ¿En pinta me gana?

KATHIE

Te gana bailando.

JUAN

¿Kike? Jajá, permíteme que me sonría. ¿Bailando el mambo me gana? (*Da unos pasos.*) ¿El chachachá? (*Otros pasos.*) ¿La huaracha? (*Otros pasos.*) En las fiestas a mí me hacen rueda cuando bailo, te consta. Al pobre Kike yo le enseñé a hacer figuras, yo le enseñé a bailar *cheek-to-cheek*.

KATHIE

Te gana bailando la marinera y el vals criollo.

JUAN

¡La marinera! ¡El vals criollo! ¡Qué huachaferías! ¡Ésos son bailes de vejestorios, sapita!

KATHIE

¿Te mueres de celos, no? De Bepo, de Kike, del Gordo...

JUAN

¿Del Gordo? ¿Celos yo, del Gordo Rivarola? ¿Qué tiene el Gordo que no tenga yo? ¿Un Chevrolet convertible del cincuenta? ¡Yo tengo un Studebaker convertible del cincuenta y uno! Por favor, sapita, por favor. Ni a Bepo, ni a Kike, ni al Gordo, ni al Sapo Saldívar ni a Harry Santana ni a mi hermano Abel ni a ninguno de los que se te han declarado les tengo celos. Ninguno de ellos tiene ni para comenzar conmigo, y tú lo sabes...

KATHIE (*Reflexionando, olvidándose de Juan, saliendo un instante del recuerdo o la invención*)

Kike, Bepo, Harry, el Gordo Rivarola... Parece que hiciera siglos.

JUAN (*Que no la ha escuchado*)

Y, por último, hay otra razón. ¿Te la digo, francamente?

KATHIE (*Volviendo a lo imaginario*)

Dímela, francamente.

3

JUAN

Porque yo tengo plata, sapita.

KATHIE

¿Tú crees que a mí me importa eso? Mi papi tiene más plata que tu papi, zonzo.

JUAN

Justamente, sapita. Conmigo puedes estar segura de que a mí me gustas tú, de que si yo quiero casarme contigo es por ti y no por otra cosa. ¿Puedes estar segura de lo mismo con los otros? Ayer mi viejo se lo dijo a tu viejo: «Ten cuidado con esos moscardones que rondan a tu hija. Quieren pegar el braguetazo de su vida».

KATHIE (*Confusa*)

No digas lisuras, Johnny.

JUAN (*Confundido, también*)

Si «braguetazo» no es lisura. Bueno, si lo fuera, *sorry*. Te quedaste muda ¿ves? Es la verdad, pregúntale a tu viejo. No pudiste darme la contra ¿ves? Ya te estoy convenciendo. Creo que la próxima vez que me declare ya no me mandarás a freír monos, sapita...

Su voz ha ido declinando y Kathie se ha ido apartando de él, olvidándolo. Juan permanece en el escenario, como un chiquillo que vagabundea, silbando, mirando las moscas, con las manos en los bolsillos. Santiago ha terminado de borrar la última parte del dictado en la grabadora.

SANTIAGO

Listo, borrado. ¿Retomamos desde su visita a la Esfinge o pasamos a otro episodio, señora?

KATHIE

Puede usted llamarme Kathie. Eso de «señora» me avejenta.

SANTIAGO

¿Le puedo hacer una pregunta? ¿Cómo nació Kathie Kennety?

KATHIE

¿No le gusta?

SANTIAGO

Es bonito. Pero ¿de dónde salió ese nombre? ¿Por qué lo eligió?

KATHIE

Si usara el mío, nadie tomaría en serio mi libro. Los nombres peruanos no parecen de escritores. Kathie Kennety, en cambio, sí: es extranjero, musical, cosmopolita. (*Lo mira, reflexionando.*) Tampoco Santiago Zavala suena bien, para un artista. ¿Por qué no lo cambiamos? Sí, sí, déjeme bautizarlo de nuevo. A ver, a ver... ¡Ya sé! ¡Mark! ¡Mark Griffin! ¿Lo puedo llamar así? Entre nosotros, aquí, en la buhardilla. ¿No le importa?

SANTIAGO (*Riéndose*)

No, señora, no me importa.

KATHIE

¿Le parezco tan vieja que no puede llamarme Kathie?

SANTIAGO

Por supuesto que no. Pero tengo que acostumbrarme. Estoy trabajando para usted, dése cuenta. La veo como a mi jefe.

KATHIE

Véame como a una colega, más bien. Bueno, bueno, se nos pasan las dos horas. Empecemos otro episodio. (*Revisando unos apuntes.*) La visita al Museo de El Cairo. Los fabulosos tesoros de Tutankamen.

Entra Ana. Suena, nuevamente, una música árabe. Encogida en un rincón, Ana se pone a llorar, asediada por las miradas y gestos obscenos de Juan.

SANTIAGO (*Dictando a la grabadora*)

Dedico la mañana siguiente a los yelmos esmaltados, los collares de turquesa y lapislázuli, los prendedores de corales y las miniaturas de oro del rey Tutankamen.

KATHIE

Entre máscaras y miles de cosas lindísimas, había una pobre rubia llorando como una Magdalena.

SANTIAGO

De pronto, entre el boato de las urnas de cristal, las parihuelas, los palanquines, los suntuosos ataúdes y los cofres centelleantes, diviso a una belleza rubia de carne y hueso, de perfil purísimo, sobrecogida por los sollozos. ¿Qué le ocurre?

KATHIE

Era una turista alemana. La muy tonta había salido sola, a recorrer El Cairo en minifalda. Tuvo que meterse en el Museo por el escándalo que provocó en la chusma.

SANTIAGO

Había venido a refugiarse entre las maravillas del pasado egipcio, huyendo de las miradas lujuriosas, las manos intrépidas, los gestos sicalípticos, los malos pensamientos y las locuras exhibicionistas que sus largas piernas pálidas provocaban por las calles cairotas. Su imagen me recordó a esa muchacha que Victor Hugo llamó: «obscena a fuerza de inocencia». Apiadada de ella, le ofrecí mi ayuda.

ANA (*Sarcástica*)

¿Y de ti no te apiadas... Mark Griffin?

SANTIAGO (*Sin mirarla*)

Vete a la mierda.

Kathie sigue dictando, sin ver a Ana.

ANA

Me fui hace tiempo, Mark Griffin. Tú me mandaste allí, atada de pies y manos. ¿Ya no te acuerdas? Acuérdate, Mark Griffin, acuérdate.

Kathie sigue revisando sus notas y dictándole a un invisible Santiago que seguiría en el escritorio, junto a la grabadora, mientras Ana y Santiago hacen un aparte.

SANTIAGO (*Se pone de pie*)

No puedo seguir en esta casa ni un segundo más. Para mí, los certificados matrimoniales son basura. Cuentan los sentimientos, nada más. Yo ya no te quiero. Mis principios no me permiten continuar al lado de una mujer a la que no quiero. No llores, no hagas escándalo, no me amenaces con suicidarte, no imites a las señoras burguesas cuando las dejan sus maridos. Pórtate como una mujer emancipada y adulta.

ANA

Está bien. No te voy a hacer ningún escándalo, no te voy a atajar a la fuerza. ¿Qué debo decirles a las niñas?

SANTIAGO

¡Ah, el chantaje de las niñas abandonadas! ¿Quieres que te pierda también el respeto? No me vengas con truculencias de señora que ve muchas telenovelas. Todos los matrimonios se separan y nunca se ha visto que un hijo se muera por eso.

ANA

No estoy diciendo que se vayan a morir. Te pregunto qué les digo, cómo les explico que su papá ya no vivirá en esta casa. No estoy peleando ni haciendo chantaje. Te pido un consejo. Son muy chiquitas, van a sufrir. Dime qué tengo que decirles para que sufran menos.

SANTIAGO

La verdad. ¿O crees que es preferible esa hipocresía burguesa de las mentiras piadosas?

ANA

¿La verdad? ¿Que su padre se larga porque se ha enamorado de una de sus alumnas?

SANTIAGO

Exactamente. Te hubiera podido pasar a ti. Les puede pasar a ellas, más tarde. Y si son consecuentes con sus sentimientos y no unas burguesas reprimidas, actuarán igual que yo: como seres adultos y superados.

Vuelve a su sitio de trabajo y retoma la postura de cuando graba.

ANA

¿Te sigues sintiendo adulto y superado, Mark Griffin? Ahora, mientras escribes el libro de viajes por el Amarillo Oriente y la Negra África, de la señora Kathie Kennety, escritora que tiene las ideas y te paga para que pongas las palabras. ¿Sigues hablando contra las señoras burguesas, Mark Griffin?

Se aleja, hacia donde está Juan. Se escuchan unos compases de música árabe.

KATHIE

Después fui a la parte vieja de El Cairo y vi una iglesita donde se refugió la Virgen con el Niño Jesús, durante la Huida. ¡Lindísima!

SANTIAGO (*Dictando*)

Historia y religión se entreveran en los vericuetos eternos y multicolores del viejo Cairo, para mi goce y regocijo. ¿Y esta ermita que se yergue, airosa, íntima, milenaria, entre nubes de polvo? Es un refugio que albergó a María y al Niño, durante la Huida.

KATHIE

Y después visité otra iglesita, judía, creo, donde estuvo un tal Abraham.

SANTIAGO (*Dictando*)

¿Por qué los muros de esta sinagoga sin tiempo transpiran esa espiritualidad que me embebe hasta los huesos? Porque sobre sus piedras se posaron las plantas del Patriarca Abraham.

KATHIE

Y, por último, fui a parar a una tienda de perfumes.

SANTIAGO

Y como lo material y lo espiritual son indiferenciables en Egipto, casi inmediatamente después me descubro, en la resplandeciente mañana, en una tienda de perfumes.

KATHIE

Era el atardecer, más bien.

SANTIAGO (*Corrigiendo*)

Casi inmediatamente después me descubro, en el sangriento crepúsculo, en una tienda de perfumes.

KATHIE

Había unos turistas. El perfumero nos explicó en un inglés zarrapastroso que la tienda era viejísima y nos hizo probar unas muestras. No me quitaba los ojos de encima, hasta ponerme nerviosa.

SANTIAGO

El perfumero es alto, delgado, de ojos negros y dentadura blanquísima. Su mirada no se aparta de mí, mientras nos explica, en francés, la lengua de la seducción, que la perfumería es tan antigua como las más remotas mezquitas egipcias y que sus operarios fabrican esencias cuyo secreto se transmite de padres a hijos a lo largo de siglos. Nos hace aspirar elixires cuya fragancia dura años en la piel. Y, mientras habla, sus ojos —obscenos, voraces, lujuriosos— siguen fijos en mí.

Mientras habla, Santiago se ha puesto de pie y luce ahora como un joven lánguido y apasionado. Está muy cerca de Kathie.

KATHIE

¡Víctor! ¿Tú aquí? ¿Qué quieres?

SANTIAGO

Fugarme contigo, escaparnos juntos. Sí, sapita. Lo tengo todo arreglado. He conseguido una camioneta, convencido al curita de Chincheros, me han prestado una casa en el campo.

KATHIE

¿Estás hablando en serio, Víctor?

SANTIAGO

¿No es romántico lo que te propongo? ¿No es romántico fugarnos, casarse a escondidas con el hombre que quieres, pese a la oposición de tus padres? ¿No es romántico que dejes plantado a ese bobo con el que van a casarte a la fuerza? ¿No dices que eres una chica romántica?

KATHIE

Te equivocas. Mis padres no tienen nada que ver con mi decisión de casarme con Johnny. Ni ellos ni nadie me obliga a casarme con Johnny. Me caso con él porque quiero. Porque... lo quiero.

SANTIAGO

No es cierto. Te casas con Johnny porque tu familia te lo ha metido por los ojos y por las orejas para sacarme de tu vida. No es cierto que estés enamorada de ese bobo.

KATHIE

No hables así de Johnny. Es mi novio y va a ser mi marido.

SANTIAGO (*Tratando de besarla*)

Tú estás enamorada de mí, sapita. ¿No me lo has dicho tantas veces? ¿Quieres que te recuerde lo que me escribías? No cometas ese error, amor mío. Si te casas con Johnny te arrepentirás toda tu vida.

KATHIE

No me arrepentiré nunca y seré muy feliz con Johnny. No me busques más, no me llames, no insistas. Resígnate de una vez: voy a casarme con Johnny.

SANTIAGO

No me resignaré nunca. Seguiré insistiendo hasta el último momento, hasta que el cura les dé la bendición voy a insistir.

KATHIE

Pues vas a perder tu tiempo miserablemente.

SANTIAGO (*Tornando a su lugar de trabajo, cogiendo de nuevo la grabadora, volviendo a ser él*)

Sólo si un día me convenzo que no hay esperanzas, que no...

KATHIE (*A un invisible Víctor*)

¿Qué harás? ¿Me matarás? ¿Matarás a Johnny?

SANTIAGO

No suena egipcio, señora. En vez de Johnny, un nombre árabe. ¿Por qué no Ahmed? O Gamal. ¿No le gusta Gamal, el perfumero lúbrico? ¿O, Ahmed, el perfumista lujurioso?

KATHIE

Johnny no tiene nada que ver con mi libro. Me fui por otro lado. Me estaba acordando de cuando era joven.

SANTIAGO

Sigue siéndolo, señora.

KATHIE

Si de veras lo creyera, me diría Kathie.

SANTIAGO

Perdóneme. Prometo que de ahora en adelante le diré Kathie.

KATHIE

Me acordaba de mis pretendientes. Tenía montones: Kike, Bepo, Harry, el Gordo Rivarola... En ese tiempo, yo era lo que llaman un buen partido.

SANTIAGO

Ya lo sé. Yo la conocía, aunque usted no me conociera. Todo el mundo la conocía, en realidad. Por las páginas sociales, por las revistas.

KATHIE

¿Cómo era usted en ese tiempo?

SANTIAGO (*Soñador*)

¿Yo? Un idealista, un romántico. Soñaba con ser alguien como Victor Hugo, dedicar mi vida a la poesía, a la política, al arte. A algo elevado, que dejara una huella en la sociedad. Quería llenar mi biografía de gestos soberbios.

JUAN (*Acercándose*)

¿Podemos hablar un momento, Kathie? Es... sobre Víctor.

KATHIE

No quiero hablar de Víctor ni una palabra. Ni ahora ni nunca, ni contigo ni con nadie. No lo he visto desde que nos casamos, así que no vengas a hacerme escenas de celos a estas alturas con Víctor.

Santiago ha abandonado su lugar de trabajo y está junto a ellos. Parece traspasado de pena.

SANTIAGO

Te casaste con ese payaso, sapita. No eres la muchacha romántica que querías hacerme creer que eras en tus cartas.

JUAN (*Incómodo*)

Ya sé que no lo has visto desde que nos casamos. No te voy a hacer ninguna escena de celos. ¿Acaso te he hecho alguna? Yo confío plenamente en ti, amor. Es que... ha venido a verme. (*Volviéndose hacia Santiago, sorprendido.*) ¿Tú? ¡Pero qué sorpresa, Víctor! Pasa, pasa. ¡Qué milagro, hombre!

KATHIE (*Aparte. Transida de espanto*)

¡Dios mío! ¡Víctor! ¡Víctor! ¡Cómo has podido hacer una cosa así! Y por mí, por mi culpa. ¿Lo hiciste por mí, no es cierto?

SANTIAGO (*Estrechando la mano de Juan*)

¿Cómo estás, Johnny? Ya veo que te sorprende mi visita. Sí, no es para menos. No quiero quitarte tiempo, me imagino que estás muy ocupado. He venido a traerte estas cartas.

KATHIE

Estoy segura que lo hiciste por mí. No me lo perdonaré, lo lamentaré toda mi vida. ¿Sufres? ¿Gozas? ¿Por lo menos has alcanzado la paz?

JUAN (*Hojeando las cartas, con asombro creciente*)

¿Qué son estas cartas? Pero, si son cartas de amor. Pero si son cartas de mi mujer a ti. ¿Qué significa esto, Víctor? ¿Por qué me has traído esto?

KATHIE (*Profundamente adolorida*)

Aunque estés más allá de los mares, escondido detrás de esas murallas macizas, aunque no nos veamos nunca más, yo estoy junto a ti, acompañándote, Víctor.

SANTIAGO

En prueba de amistad, Johnny. La sapita es ahora tu esposa. Estoy seguro que ni a ella ni a ti les gusta que las cartas que me escribió, cuando era mi enamorada, anden por ahí. Por ellas verás que nuestra relación fue siempre limpia, pura. Te las traigo para que las rompas o las guardes o hagas con ellas lo que quieras.

KATHIE (*Muy tierna*)

Contigo me despierto cuando aún es noche cerrada y el cielo arde de estrellas, después de haber dormido apenas cuatro horas, contigo, en tu jergón de paja, en ese recinto desnudo, de piedras húmedas.

JUAN (*Cada vez más desconcertado*)

Ah, por eso... Mira, no sé qué decirte. Me dejas sorprendido. Yo... bueno, la verdad es que, en fin, no sé qué decirte.

KATHIE

Contigo medito, de rodillas sobre losas heladas, frente a esa calavera que nos contempla como diciendo «Los espero». Contigo lloro por las maldades que han convertido al mundo en un charco de pus.

SANTIAGO

Por lo menos, dame las gracias.

KATHIE

Contigo me flagelo, llevo cilicio y trato, hasta el agotamiento de mis fuerzas, de expiar la infinita sabiduría de los hombres para lastimarse y lastimar al prójimo.

JUAN

¿Por estas cartas? Sí, te doy las gracias. (*Mirándolo con desconfianza.*) ¿No me estás haciendo alguna trampa? ¿No es ésta una tomadura de pelo, Víctor?

KATHIE

Contigo ayuno, vivo en perpetuo silencio, ando descalza en lo más crudo del invierno y visto de espesa lana en el ardiente verano. Contigo trabajo la tierra con mis manos y doy de comer a los conejos.

SANTIAGO

No, Johnny. Palabra que no.

KATHIE

Contigo canto los salmos que mantienen al mundo al filo de la desintegración y compongo las alabanzas a la avispa, al floripondio, al cardo, al ratoncito, al polen, a la hormiga, al laurel.

JUAN

Bueno, perdona. La verdad es que me has dado contra el suelo, Víctor. ¡Qué caballerazo eres, hombre! La sapita te lo agradecerá también. Seguro que a ella le molestaba que esas cartas rodaran por ahí, ahora que es una señora casada.

KATHIE

Contigo he muerto para el mundo de la víbora, el oropel, la ansiedad y el chancro, y vivo la esclavitud que es libertad, el martirio que es dicha, la muerte que es vida.

SANTIAGO

Por eso te las traje, pensando en ella.

KATHIE (*Ansiosa, tensa*)

¿Sabes por qué, Víctor? ¿Lo presientes, lo adivinas? ¿Lo sabes?

JUAN (*Entrando en confianza*)

Me quitas un gran peso de encima, Víctor. Creí que estabas resentido conmigo, que me odiabas.

KATHIE

Porque te amo. Sí, sí, sí, Víctor. ¡Te amo! ¡Te amo! ¡Te he amado siempre! Siempre, siempre, siempre.

SANTIAGO

¿Porque la sapita se casó contigo? Qué ocurrencia, Johnny. Me apenó al principio, pero después me hice a la idea. Y ahora pienso que fue mejor para todos que se casara contigo.

KATHIE (*Exaltada, transportada*)

Sí, como lo oyes. Tu Adèle te ama, te ha amado, te amará. Dueño mío, amo mío, señor mío, rey mío. Oh, Víctor, Víctor.

JUAN

Claro, claro, yo lo pensé siempre. La sapita y tú son muy diferentes, no se hubieran llevado bien.

KATHIE (*Triste de nuevo*)

Contigo se ha ido el aire que respiraba, la luz de mis ojos, la voz de mi garganta, lo que movía mi sangre.

SANTIAGO (*Volviéndose a una invisible Kathie*)

No te casaste conmigo porque creías que me iba a aprovechar de tu plata.

KATHIE (*Dirigiéndose siempre al mismo fantasma*)

No me casé contigo por estúpida...

JUAN (*Siempre a Santiago*)

Kathie y yo, en cambio, nos llevamos regio.

KATHIE

... por cobarde, por inculta, por ciega, por frívola.

SANTIAGO (*A la misma Kathie invisible*)

¡Qué decepción, sapita! Te imaginaba más idealista, más soñadora, más pura de mente, menos calculadora, más ingenua. ¡No te pareces a Adèle Foucher, Adèle!

KATHIE (*Desesperada, transtornada*)

¡Perdóname! ¡Perdóname!

JUAN (*A Santiago*)

Mira, Víctor, ahora, después de esta explicación, tenemos que seguir viéndonos. Tienes que venir a la casa a comer con nosotros un día de éstos.

KATHIE

Vuelve, da marcha atrás, todavía es tiempo. ¡Óyeme, respóndeme! ¡Regresa, Víctor!

SANTIAGO (*A Juan*)

No va a ser posible, Johnny. Me estoy yendo de viaje. Muy lejos. Y no creo que vuelva más al Perú.

KATHIE

Quiero ser tu esclava, tu sirvienta, tu perra.

JUAN (*A Santiago*)

Qué misterioso suena eso.

KATHIE

Quiero ser tu puta, Víctor.

SANTIAGO

Lo es, en cierto modo. Mira, te lo voy a decir. Me estoy yendo a España. A Burgos. Voy a entrar a la Trapa.

KATHIE

Iré al puerto y me desnudaré ante los marineros más sucios. Les lameré los tatuajes, de rodillas, si eso te gusta. Cualquier capricho, Víctor, todas las fantasías. Las locuras que tú digas. Lo que mandes.

JUAN

¿A dónde vas a entrar?

KATHIE

Podrás escupirme, humillarme, golpearme, prestarme a tus amigos. Pero vuelve, vuelve.

SANTIAGO

No sabes lo que es, claro. A la Trapa. Una orden religiosa. Muy antigua, muy estricta. Una orden de clausura. Sí, eso mismo: voy a hacerme monje.

KATHIE

Vuelve aunque sea a matarme, Víctor.

JUAN (*Se echa a reír*)

¿Por qué no te haces torero, más bien? Sabía que

tarde o temprano tratarías de tomarme el pelo. No puedes con tu genio ¿no, Víctor?

KATHIE (*Desolada, resignada*)

Pero ya sé que no me oyes ni oirás nunca. Ya sé que tu Adèle ha perdido por los siglos de los siglos la razón de vivir, de morir, de resucitar.

SANTIAGO

No te estoy tomando el pelo. Voy a entrar a la Trapa. He sentido el llamado. Y es más. Te ruego que me ayudes. No tengo donde caerme muerto. El pasaje a España cuesta caro. Estoy pidiendo a mis amigos que me ayuden a reunir lo necesario, para un pasaje de tercera, en el «Reina del Mar». ¿Podrías ayudarme con algo, Johnny?

KATHIE (*A Juan*)

¿Y para qué vienes a contarme a mí esas cosas? ¿Qué me importan a mí esas cosas?

JUAN

Te las cuento porque eres mi mujer. ¿A quién se las voy a contar si no? ¿Tú crees que será cierto eso del convento trapense, trapero, trapista?

SANTIAGO (*A Kathie*)

¿Para qué me podía servir a mí tu plata? Te lo he explicado tantas veces. Yo no quiero ser rico sino feliz. ¿Es feliz tu papi? ¿Es feliz Johnny? Bueno, quizá Johnny lo sea, pero no por rico sino por tonto.

Conmigo tú hubieras sido feliz, hubieras tenido la noche de bodas más memorable de la historia, Adèle.

JUAN (*A Kathie*)

Al principio no se lo creí, por supuesto. Pensé que había venido a pegarme un sablazo, a contarme un cuento. Pero, ahora, no sé. Si lo hubieras oído... Hablaba como un cura, todo suavecito, todo delicado. Dijo que había sentido el llamado. ¿Qué quieres que haga con estas cartas, sapita?

SANTIAGO (*A Kathie*)

Ya no viviremos en Chincheros, ese pueblecito donde el aire es el más casto de la sierra. Ya no compartiremos esa vida sencilla, libre, sana, frugal, íntima. No te lo reprocho, sapita. Al contrario, te lo agradezco. Has sido el instrumento de que se ha valido alguien más grande que tú y que yo para abrirme los ojos y hacerme saber lo que espera de mí. ¡Gracias por dejarme, sapita! ¡Gracias por casarte con Juan! En la Trapa, rezaré siempre para que ustedes sean felices.

Vuelve a su lugar de trabajo.

JUAN (*A Kathie*)

¡Claro que no las he leído! (*Se arrepiente de haber mentido.*) Bueno, sí, las leí. ¡Qué cartas tan románticas, Kathie! ¿Estabas enamoradísima de Víctor, no? Ni me las olía. Tampoco me olía que fueras tan romántica. ¡Qué cosas las que le escribías, sapita!

Sonriendo, parece olvidarse de Kathie. Se agazapa, hace equilibrio y da la impresión de que, súbitamente, se pusiera a hacer «surf».

KATHIE (*Sumida en sus pensamientos*)

Johnny darling, Johnny darling... ¡Qué payaso resultaste!

SANTIAGO (*Sin mirar a Kathie, encerrado en sus propios pensamientos*)

Como su nombre lo indica, por lo demás. Eso de Johnny darling no da la idea de un hombre muy serio.

KATHIE (*Echando una ojeada a Santiago, que permanece enclaustrado en sus fantasías*)

Qué aliviada me sentiría si pudiera contarte mi tragedia matrimonial, Mark Griffin.

SANTIAGO

Cuéntemela, Kathie. Para eso estoy en esta buhardilla de París. Es parte de mi trabajo. ¿Cuáles fueron los problemas? ¿La trataba mal Johnny darling?

KATHIE

No me daba bien cuenta, entonces. Ahora me doy. Me sentía... decepcionada. Pasaron uno, dos, tres años desde que nos casamos y la vida se volvió aburridísima. ¿Era esa rutina el matrimonio? ¿Para eso me había casado?

SANTIAGO

¿Qué hacía su esposo?

KATHIE

Iba al Waikiki.

SANTIAGO

¿A ese club de tablistas, en la playa de Miraflores?

KATHIE

Todos los días del año, invierno o verano. Era la principal ocupación de su vida.

JUAN (*Joven, atlético, despreocupado, mirando el horizonte*)

Me gusta, tengo derecho. Soy joven, quiero gozar de la vida.

KATHIE (*Absorta en sus pensamientos*)

Pero, Johnny darling, la tabla hawaiana no es la única manera de gozar de la vida. ¿No te cansa estar todo el día en el mar? Te van a salir escamas.

JUAN (*Mirando siempre al frente*)

Cada día me gusta más, cada día haré más tabla. Hasta que me muera. O hasta que esté tan viejo que ya no pueda bajar una ola.

SANTIAGO (*Mirando por fin a Juan, como si lo estuviera creando con la mirada*)

¿Realmente dedicaba su vida a correr olas? ¿No le daba vergüenza?

JUAN (*Mientras corre tabla. Hace equilibrio, rema con las manos, se ladea para hacer contrapeso mientras las olas lo arrastran, lo suben, lo bajan*)

¿Vergüenza? Al contrario. Me da orgullo, me gusta, me pone feliz. ¿Por qué me daría vergüenza? ¿Qué tiene el *surf* de malo? ¿Qué tiene de malo hacer tabla en Miraflores, en Hawai, en Australia, en Indonesia, en Sudáfrica? ¡Es lo más formidable que hay! Entro al agua despacito, deslizándome, burlando las olas, me zambullo, las corto, las cruzo, las amanso, entro, entro empujado por la resaca hasta los grandes tumbos, después de la reventazón. Me monto sobre la tabla y, como un jinete que espera el disparo de la partida, voy calculando, midiendo, adivinando.

¿Cuál de esas arruguitas crecerá y crecerá y será la buena ola para bajar? ¡Ésa! ¡Ésa es! ¡Qué nervios! ¡Qué cosquillas en los músculos! ¡Qué locura del corazón! Pum, pum, pum. ¡No pierdas ni un segundo, Johnny! Me coloco en posición, espero, ahora, un manazo en el agua, ya está, me pescó, me arrastra, la agarré justito antes de reventar, salto, me levanto, me estiro, me encojo, me estiro, ahora todo es cintura, equilibrio, resistencia, inteligencia, experiencia. ¡A mí no me tumbas tú, olita! He bajado olas que podían quebrar un rascacielos, he hecho el túnel en olas que parecían cataratas, cavernas, montañas, he corrido olas que, si hubiera perdido el equilibrio, me hubieran deshecho, descoyuntado, apachurrado. He bajado olas entre arrecifes de coral, en mares con tintoreras y tiburones. Cien veces he estado a punto de ahogarme, de volverme sordo, de quedar tullido. He ganado campeonatos de *surf* en cuatro continentes y si no gané en Europa es porque las olas de Europa son una caquita para el *surf*. ¿Por qué me daría vergüenza?

KATHIE (*Todavía inmersa en el sueño*)

¿En qué piensas todas esas horas, sentado en la tabla, mar adentro?

JUAN (*Escrutando el horizonte, la superficie marina*)

¿De qué tamaño será la ola que vendrá? ¿La bajaré? ¿La perderé? ¿Me revolcará? ¿Me llevará hasta la orillita?

SANTIAGO

¿Nunca piensa en otra cosa que en las olas?

JUAN

A veces, cuando el mar está en calma chicha, pienso en la hembrita que conocí ayer, anteayer o esta mañana, en la hembrita que me gustó. ¿Será fácil? ¿Será difícil? ¿Hará cositas a la primera o a la segunda invitación? ¿Habrá que hacerle un trabajo fino, largo, mañoso? ¿Cómo, cuándo, dónde le haré cositas? (*Avergonzándose, como un niño sorprendido haciendo una travesura.*) A veces, se despierta el cucú y para que vuelva a dormirse pienso en rombos, cubos, triángulos y paralelogramos.

KATHIE

Por supuesto, hasta hacías cositas con la tabla. No me extraña. Y cuando estás encima de la ola, moviendo los brazos como un monigote, ¿qué piensas?

JUAN

¿Me estarán viendo desde la terraza del Waikiki? ¿Me verán los que se bañan en la piscina, en la playa, los de los autos del Malecón? ¿Me verán? ¿Me alabarán? ¿Me envidiarán?

SANTIAGO

¿Y qué sientes?

JUAN

Siento que crezco, que soy buenmozo, que soy muy macho. Me siento un dios. ¿Qué tiene de malo eso?

KATHIE

¿Te importa si te estoy viendo y admirando yo?

JUAN

Antes de que nos casáramos, sí. Después, no. Qué gracia, ya eres mi mujer, tu obligación es admirarme. Ahora me luzco para las otras hembritas, las nuevas, las recién conocidas, las desconocidas.

SANTIAGO (*En sus propias reflexiones*)

¿Nunca se le pasó por la cabeza que era un crimen perder así el tiempo, cuando hay tantas cosas creativas, productivas, por hacer en la vida?

JUAN (*Lidiando con las olas*)

Claro que nunca se me pasó por la cabeza semejante estupidez. ¿Acaso coriendo olas le hago daño a nadie? ¿Acaso dejando de correr olas le solucionaría algún problema a alguien? ¿Ir al Banco es más creativo y productivo que bajar buenas olas o que hacer cositas con una hembrita?

KATHIE (*Angustiada por los recuerdos*)

¿Eso iba a ser mi vida de casada? ¿Ver a Johnny darling correr olas y meterme cuernos?

SANTIAGO (*Pensativo*)

Los burgueses de la realidad eran más burgueses todavía que los de los panfletos, los que odiábamos por ideología y por principio. En eso no te engañé, Anita.

Ana se acerca a Santiago, quien parece no verla.

KATHIE (*Sigue recordando*)

Acostarse tarde, levantarse tarde. ¿Vas a ir hoy día al Banco, Johnny?

JUAN

Un ratito, para guardar las apariencias. Pero a eso de la una nos encontramos en el Waikiki, ¿okey?

KATHIE

Las malditas olas, las malditas tablas, los malditos campeonatos, los malditos viajes a Hawai. El maldito aburrimiento de Hawai, en hoteles con césped y palmeras de plástico. Mirarlos, contemplarlos, festejarlos, alabarlos, contar chismes, quién le pone cuernos a quién y con quién, qué pareja se hizo, se deshizo, se rehizo y volvió a deshacerse. Prepararse para el *coctail*, la comida, el *shower*, el *luau*, el *party*, la sorpresa. La peluquería, el vestido, la manicure. Mañana lo mismo, pasado lo mismo. ¿Eso va a ser todo el resto de tu vida, Kathie?

Santiago (*Con un tono bruscamente agresivo y sarcástico*)

Pamplinas. La verdad verdadera yo la sé muy bien y tú también la sabes, Kathie Kennety. Pero te da vergüenza confesarla.

Kathie (*Sin verlo ni oírlo*)

Con los hijos las cosas cambiarán, Kathie. Cuidarlos, educarlos, verlos crecer le dará sentido al matrimonio. ¡Pamplinas, en efecto! No cambiaron nada, no llenaron el vacío. En vez de ir sola, ahora vas al Waikiki con Alejandra, y ahora con Alejandra y Johnnycito. En vez de aburrirte sola ahora te aburres en familia. ¿Es esto el matrimonio? ¿Es esto la maternidad? ¿Por esto suspiraste, soñaste, todos los años del colegio? ¿Para pasarte la vida viendo a un idiota hacer piruetas entre las olas sobre un pedazo de madera balsa?

Santiago

Cuentos, pamplinas. ¿Te digo la verdad verdadera? Kathie Kennety se aburría porque el divino tablista la olvidaba, la dejaba cada noche abandonada, desvelada, sin hacer cositas. El tablista no era Victor Hugo, Adèle. Con tantas olas se le había congelado el cucú.

Ana (*A Santiago*)

¿Hablas por experiencia propia? Cuando te fuiste con ésa, hacía meses que apenas me tocabas. Sin necesidad de correr olas, también a ti se te había congelado el cucú.

SANTIAGO (*Descubriendo a Ana*)

No es cierto. Simplemente, ya no me gustabas. Hacía cositas todos los días con Adèle. Varias veces al día. Un día, nueve veces, como Victor Hugo en su noche de bodas. ¿No es cierto, Adèle?

KATHIE (*Transformada en una jovencita coqueta y pizpireta*)

Es mentira, Profesor. Pero te guardaré el secreto. Nunca pudiste hacer cositas más de dos veces en un día, y con un largo intermedio. Jajajá...

SANTIAGO (*A Ana, furioso*)

Te voy a decir algo más. Pensaba con horror en que llegara la noche, porque tendría que meterme a la cama contigo. Fue por eso que te dejé.

KATHIE (*Volviendo a ser ella, sumida siempre en el recuerdo*)

Meterse a la cama... También eso se volvió aburrido, como ir al Waikiki y a los *parties*.

ANA (*A Santiago*)

O sea, te portaste como lo que supuestamente odiabas tanto: como un buen burgués. ¿No decías que no había nada más despreciable en el mundo?

¿Ya no te acuerdas lo que me enseñabas? ¿Esas lecciones para hacer de mí una mujer libre, superada, emancipada?

SANTIAGO (*Recita, muy serio, a Ana, que lo escucha embobada. Kathie, convertida en Adèle, se pinta las uñas y lo mira de rato en rato burlonamente*)

No el amor-pasión, sino el amor-solidaridad. Ése será el nuestro, Anita. El amor-pasión es un fraude burgués, una ilusión, una trampa. El amor que se apoya sólo en el sexo, que justifica todo en nombre del placer, del instinto, de la irracionalidad, es mentiroso y efímero. El deseo no es ni debe serlo todo, ni siquiera el vínculo primordial. No hay pareja que dure si sólo la une el cucú.

Kathie, haciendo siempre de Adèle, lanza una carcajada, pero Ana asiente, queriendo creer.

KATHIE (*Sonríe, volviendo a ser ella*)

Y, sin embargo, al principio era bonito, en las noches, cuando nos abrazábamos y me decías esas cosas tan cochinas, Johnny darling. Me ardía la cara, me daba vértigo, vergüenza, me encantaba. Parecía que iba a ser como lo había soñado, que daría sentido a las cosas, que viviría feliz, realizada.

SANTIAGO (*Prosigue la educación de Ana*)

En el amor-solidaridad el sexo es apenas un ingrediente entre los otros y ni siquiera el más importante. El amor-solidaridad se basa en la comprensión mutua, en la comunidad de ideales, de sacrificios, de luchas, en las tareas compartidas, en la identidad espiritual, intelectual, moral.

ANA (*A Santiago*)

Yo te di gusto. Hice todo lo que me pediste para que existiera entre nosotros el amor-solidaridad. ¿Lo hice o no lo hice? ¿No dejé mi trabajo, en la boutique? ¿No me puse a estudiar sociología, como me aconsejaste, en vez de decoración que era lo que a mí me gustaba?

JUAN (*Desde lo alto de la tabla*)

¿Soy o no soy tan bueno haciendo cositas como corriendo tabla, Kathie? ¿Soy o no soy mejor que Victor Hugo, Adèle?

KATHIE

Lo eres, Johnny darling. Por eso se te echan a los brazos tantas chicas. Rubias, morenas, amarillas, pelirrojas. Por eso me metes cuernos en tantos idiomas y en tantos continentes, Johnny darling.

ANA (*A Santiago*)

Te di gusto en vestirme como querías ¿no? Por ti dejé de pintarme los labios y las uñas y de maquillarme, porque, según tú, ésas eran frivolidades burguesas. ¿Qué gané con darte gusto? Dejar de gustarte, eso es lo que gané.

SANTIAGO (*A Kathie, hecho una miel*)

¿Sabes que tienes un pelo muy bonito, Adèle?

KATHIE (*Mudada en Adèle, parece trinar, piar*)

Para tenerlo así, suavecito, brillante, ondulado, esponjoso, le doy dos veces por semana un tratamiento que yo sé. ¿Se lo digo, Profesor? Pero no le sople la receta a las otras chicas de la Facultad. Una yema de huevo, una palta y tres cucharaditas de aceite. Se mezclan en la batidora por treinta segundos, se embadurna una el pelo bien con esa pasta y se deja secar tres cuartos de hora. Se lava con un buen *shampoo* y se enjuaga. Queda lindo ¿no?

SANTIAGO (*Embobado*)

Lindísimo: suavecito, brillante, esponjoso, ondulado. También tus manos son tan bonitas como tu pelo, Adèle.

KATHIE (*Mirándolas, mostrándolas, luciéndolas*)

Para que no se pongan ásperas, ni les salgan durezas, para que parezcan de seda, de gamuza, unas gatitas de Angora, también tengo un secretito. Mejor dicho, dos secretitos. Frotarlas bien cada mañana, diez minutos, con jugo de limón, y cada noche, otros diez minutos, con leche de coco. Quedan lindas ¿no?

SANTIAGO (*Hechizado*)

Sí, una seda, una piel de gamuza, unas gatitas de Angora. En las clases, cuando las diviso, tengo la sensación de dos pajaritos blancos, aleteando sobre las carpetas.

KATHIE

Ay, qué piropo tan poético. ¿De veras le gustan tanto, Profesor?

SANTIAGO

Y tu pelo, tu nariz, tus ojos, todo lo tuyo me gusta. ¿Por qué me dices Profesor? ¿Por qué te burlas de mí?

KATHIE

¿No es mi Profesor acaso? Por una cuestión de respeto. ¿Qué dirían los chicos y chicas de la Facultad si me oyeran decirle Mark, Mark Griffin, al Profesor de Literatura del Siglo de Oro, Primer Curso?

SANTIAGO

¿Por eso me tratas de usted?

KATHIE

A las personas mayores se las trata de usted.

SANTIAGO

O sea que te parezco viejísimo.

KATHIE

Viejísimo, no. Un hombre mayor. Y casado y con dos hijas. ¿Tiene una foto de sus hijitas en la cartera para que me las muestre?

SANTIAGO

¿Sabes que eres malísima, Adèle?

KATHIE

Malísima y todo le gusto a mucha gente.

SANTIAGO

A mí, por ejemplo. Me gustas muchísimo. ¿Lo sabes, no?

KATHIE

Primera noticia. ¿Y qué es lo que más le gusta de mí?

SANTIAGO

Lo coqueta que eres.

KATHIE

¿Le parezco muy coqueta?

SANTIAGO

El mismísimo diablo en persona.

KATHIE

Ahora dígame lo que no le gusta de mí.

SANTIAGO

Que no quieras salir conmigo.

KATHIE

Pero qué vivo es usted, Profesor.

SANTIAGO

En serio, Adèle, ¿por qué no quieres? ¿Por prejuicios burgueses? ¿Qué tiene de malo que vayamos al cine, por ejemplo? O a oír un poco de música.

KATHIE

Bueno, acepto. Pero con una condición.

SANTIAGO

La que tú digas.

KATHIE

Que salgamos con su esposa y sus hijitas. Y, ahora, me voy a estudiar, no quiero que me ponga malas notas. Si se porta bien, otro día le diré mis secretos para conservar los dientes blanquísimos y los ojos brillantes, para no tener nunca papada, para que no se me quiebren las uñas y para evitar las pecas. Chaucito, Profesor.

SANTIAGO

Chau, Adèle. (*Para sí mismo.*) Qué rica, qué deliciosa, qué excitante es.

ANA

Yo dejé de ser rica, deliciosa y excitante porque ésas eran, según tú, frivolidades burguesas.

SANTIAGO (*Pensativo*)

Lo eran. (*Descubriendo a Ana.*) Lo son, Anita. Qué culpa tengo si son las frivolidades burguesas de las mujeres las que le gustan al cucú. Qué culpa tengo si la sobriedad, si la seriedad de las mujeres libres y emancipadas lo anestesian y lo matan, Anita. Uno no controla su naturaleza. Las convicciones morales, políticas, no tienen poder sobre los instintos, sobre la naturaleza humana.

ANA

Pero, cómo, ¿tú no me enseñaste que no había una naturaleza humana?

SANTIAGO (*Pontifical*)

¡No existe! ¡La naturaleza humana no existe, Anita! ¡Ésa es otra superchería burguesa para justificar la explotación, Anita!

ANA

¡Tramposo! ¡Desgraciado! ¡Mentiroso!

SANTIAGO (*Magistral*)

¡El hombre es materia maleable, Anita! ¡Cada hombre es lo que elige ser, Anita! ¡Por eso se puede creer en el progreso humano, Anita! ¡Tienes que leer a Jean-Paul Sartre, Anita!

ANA

Cuántos cuentanazos me contaste, Mark Griffin.

SANTIAGO (*De nuevo pensativo*)

Cuántos cuentanazos me contó Jean-Paul Sartre, Anita.

KATHIE (*Volviendo a ser ella*)

Nunca pudiste contarme ningún cuentanazo, Johnny darling. Siempre te descubrí las mentiras al instante.

JUAN (*Sin descuidar las olas*)

La vez que me agarraste con Maritza me rasguñaste y la marca en la cara me duró dos semanas.

KATHIE

Esos cuernos eran fierros candentes, al principio. Noches en vela, llantos, se acababa el mundo, la humillación me hacía rechinar los dientes. Me enflaquecía, me salían ojeras, te hacía escándalos.

JUAN

¡Cómo se reían de mí en el Waikiki por esos rasguños!

ANA

Si en vez de vivir de acuerdo a tus sermones antiburgueses le hubiera hecho caso a mi mamá, nunca te hubieras ido con Adèle.

SANTIAGO (*Pensativo*)

¿Y qué consejos te daba esa pequeña burguesa de Santa Beatriz aspirante a gran burguesa de Orrantia?

KATHIE (*Sermoneando a Ana, como si fuera su hijita*)

Los hombres son tratados por el mal, Anita. Es decir, por las mañas. Tu marido será intelectual y lo que quieras, pero lo que importa es el cucú y yo no sabré nada de intelectuales pero sé todo de cucús. Si quieres que nunca te deje y que te engañe poco, que viva saltón.

ANA

¿Y qué hago para que Santiago viva saltón, mami?

KATHIE

¡El tira y afloja! De día una señora intachable y de noche la grandísima pé. Perfumes, músicas, espejos, extravagancias, barroquismos: ¡que se muera de felicidad! Pero no todos los días: cuando tú decidas y cuando convenga. ¡El tira y afloja! Ciertos días la pé se vuelve de hielo, ciertas semanas la cortesana se hace monja. Y, como aderezo, el otro recurso por excelencia: los celos. Salidas repentinas, llamadas misteriosas, secreteos en las fiestas con sus amigos, contradicciones y suspiros. ¡Que sospeche, que tiemble! Te costará alguna paliza pero no importa. ¡No hay amor sin golpes! ¡Que viva saltón y el cucú se pasará la vida trinando!

ANA

Pero tú tenías confianza ciega en mí y eso me fregó. En cambio, Adèle te hizo arar y siempre estuviste detrás de ella como un perro, Mark Griffin.

JUAN

¡Los celos son bestiales, sapita! Lo digo por las amistadas, después de los celos. A ti los cuernos te sientan, no creas. Las veces que hacemos mejor cositas es cuando pasamos de los insultos a los besos. Como en Hawai, cuando me pescaste con la euroasiática, en la playa. ¡Qué zapatazos le diste! ¡Y qué rico fue después, qué rico! Hicimos cositas en la arena, en el mar, en ese pasto artificial, y de nuevo en el mar. ¿No fue regio, *darling*?

KATHIE

No, no lo fue tanto.

JUAN

La verdad es que tú no eres una campeona haciendo cositas, Kathie. Eres bastante... aguada. Bostezas, te duermes, te da vergüenza, te ríes. No tomas el cucú en serio, *darling*. ¡Y es lo más serio del mundo! ¡Es como la tabla, Kathie!

KATHIE

Hay quienes tienen un mejor recuerdo de mis aptitudes amorosas, Johnny darling.

Juan y Ana se desvanecen.

SANTIAGO (*Con un tonito agresivo, sarcástico*)

¿El perfumista lúbrico de El Cairo, por ejemplo?

KATHIE

¿Qué trata usted de insinuar, señor Mark Griffin?

SANTIAGO

Lo que tú sabes muy bien, ricachona menopáusica, millonaria histérica, seudoescritora, explotadora de intelectuales progresistas. Lo que tú sabes muy bien, Kathie Kennety.

KATHIE (*Sin inmutarse lo más mínimo*)

¿Qué es lo que sé muy bien?

SANTIAGO (*Con feroz agresividad, como desahogándose de viejas heridas y sucios resentimientos*)

Que esos viajes exóticos no son para aplacar tu

sed de belleza y tu hambre espiritual, sino para convertirte en una grandísima pé sin miedo al qué dirán. Para darte unas vacaciones de espejos, perfumes, músicas, fornicaciones extravagantes y barrocas lejos de tus amistades limeñas. ¡Amarillos, negros, árabes, esquimales, afganos, hindúes! ¡Todos los cucús del mundo! ¿Cobraban como yo, por horas? ¿Cuánto cobró el perfumista lúbrico de El Cairo, por fingir lubricidad contigo, corrompida?

KATHIE (*Que lo ha escuchado con amabilidad, vagamente divertida*)

¿No está usted excediendo los límites mínimos de respeto entre el asalariado y la patrona, señor Griffin? Me hace usted preguntas que no puedo contestar sin faltar al pudor y a la buena crianza.

SANTIAGO (*Su rabia empieza a disolverse en suave desmoralización*)

No, no he olvidado que eres la patrona, literata de pacotilla, escribidora imaginaria, cacógrafa. Te odio. Si no me pagaras, te tendría sólo desprecio, acaso compasión. Porque debe ser triste, ¿no es cierto?, dar vueltas al globo terráqueo, gastar fortunas en recorridos intercontinentales, escribir libros que no escribes y que nadie lee, sólo para poder hacer cositas. Debe ser tristísimo, ¿no, Kathie Kennety?

Se ha vuelto a instalar ante su grabadora y comienza de nuevo a dictar, moviendo los labios en silencio. Kathie lo mira ahora con melancolía y admiración. La música parisina del principio comienza a oírse otra vez, a lo lejos.

KATHIE

Lo triste es permanecer encerrada día y noche en esta buhardilla, privándome de todas las maravillas que ofrece París, ahí no más, cruzando esa puertita y bajando las escaleras del hotel. En cambio, tú, Mark Griffin, cómo debes aprovechar la Ciudad Luz cuando sales de este cuarto. Si no tuviera que trabajar en este libro sobre la Negra África y la Amarilla Asia ¿me dejarías acompañarte? No te dirigiría la palabra, no te molestaría en lo más mínimo. Cuánto aprendería siendo tu sombra por las galerías, las bibliotecas, los teatros, los conciertos, las academias, los *bistrots*. Me sentiría ignorante, pequeñita, oyéndote conversar con esos inteligentísimos amigos tuyos que han leído todos los libros y saben todas las cosas. (*Santiago sigue dictando, a juzgar por el movimiento de sus labios, pero no hay duda que la escucha complacido.*) Porque ésa es la vida que haces, fuera de las dos horitas que pasas aquí ¿no, Mark Griffin? Recorres los muelles del Sena, exploras los puestos de libros viejos, vas a todos los conciertos, aplaudes las óperas, los ballets, escuchas las conferencias del Collège de France, frecuentas los cines de arte, no faltas nunca a un «vernissage». ¡Qué suerte pasarse las noches discutiendo de filosofía con Sartre, de feminismo con Simone de Beauvoir, de antropología con Lévi-Strauss, de teatro con Jean-Louis Barrault, de modas con Pierre Cardin! Cómo los escucharía, embobada, aturdida por ese fuego de artificio intelectual. ¡Qué maravillosa es tu vida, Mark! Qué abundancia, qué riqueza. En cambio, la mía, enclaustrada en esta buhardilla, qué pobre parece. Pero... se nos pasan las dos horas. Sigamos. Volvamos a El Cairo, a la ciudad vieja, a la callecita de la perfumería...

Resucita, lejana, la música árabe.

SANTIAGO (*Dictando*)

... Pronto sabré lo que el astuto perfumista se propone. Con melifluas maneras me ruega que espere, mientras atiende a los otros turistas. Me trae una taza de té y yo, ingenua de mí, acepto y me quedo en la tienda...

KATHIE

¿No suena un poquito cursi eso de «ingenua de mí»?

SANTIAGO (*Corrigiendo*)

Es verdad. Y yo, tonta de mí, me quedo en la tienda...

KATHIE

¿No suena un poquito tosco eso de «tonta de mí»?

SANTIAGO

Sí. Y yo, ay, permanezco en la tienda...

KATHIE

Entonces, en un dos por tres, desaparecieron los empleados y el perfumista empezó a sacar frascos, a ponérmelos delante y a ofrecérmelos. Y de repente empezó también a sacar adornos, joyas.

SANTIAGO (*Se ha puesto de pie y está haciendo lo que, según Kathie, hacía el perfumista de El Cairo. En el ambiente flota la música árabe, chirimías, flautas, tamborcillos, castañuelas*)

¡Escoja, elija, bella extranjera! ¡Perfumes, esencias, elixires, resinas! ¡Para los cabellos, para las orejas, para el cuello, para los pechos, para las axilas, para el ombligo, para el pubis, para los dedos y las plantas de los pies! ¡Elija, escoja, bella extranjera! ¡Collares, aretes, pulseras, polveras, brazaletes, ajorcas, tobilleras, diademas! ¡De ámbar, de carey, de lapislázuli, de alas de mariposa!

KATHIE (*Complacida e intimidada*)

Muchas gracias, Monsieur. Sus perfumes son embriagadores, sus joyas rutilantes. Pero no deseo comprar nada. Muchas gracias de todos modos por su cortesía, Monsieur.

SANTIAGO (*Zalamero, envolvente, serpentino, girando como un trompo alrededor de Kathie, moviendo manos y ojos*)

Pero quién habla de comprar nada, bella extranjera, quién piensa en el vil dinero, exótica extranjera venida del exótico reino del Perú. Todo lo que hay en esta tienda es tuyo. Escoge lo que quieras, llévatelo. ¡Es un homenaje a tu belleza!

KATHIE

Su generosidad me abruma y me confunde, Monsieur. Pero no puedo aceptar regalos de desconocidos. Soy una señora decente, católica, limeña, madre de familia. Yo no soy una de esas turistas gringas de cascos ligeros a las que usted está seguramente acostumbrado, Monsieur.

SANTIAGO

Yo soy un perfumista lujurioso, Madame. Permíteme pasearte por El Cairo nocturno, déjame sumergirte en los recintos secretos consagrados al placer, esos templos de voluptuosidad. ¡El Cairo es la ciudad más corrupta del mundo, Madame!

KATHIE

Modérese, modérese, Monsieur. Pórtese como un caballero, como una persona decente. No se me acerque tanto. ¡Sáqueme esas sucias manos de encima!

SANTIAGO

Iremos a ver las pirámides bañadas por la luna y a caminar descalzos en el desierto. Visitaremos un cabaret donde huríes sin huesos bailan frenéticamente la danza del vientre. El alba nos encontrará adormecidos por músicas afrodisíacas que hacen silbar a las serpientes y masturbarse a los camellos.

KATHIE

¡Socorro! ¡Auxilio! ¡No me toque! ¡Indio! ¡Zambo! ¡Cholo de porquería! ¡Suélteme o lo mato! Ah, no sabías que Kathie Kennety está preparada para enfrentarse a los abusivos del mundo entero, ¿no? ¡Arriba las manos o disparo!

Lo amenaza con una pistolita de mujer y Santiago retorna a su sitio de trabajo. Continúa dictando. Comienza a sonar una alarma de reloj.

SANTIAGO

Al ver el pequeño revólver, el perfumista me suelta. Salgo rápidamente de la perfumería, me pierdo en los polvorosos vericuetos de la vieja ciudad...

KATHIE

Mientras regresaba al hotel, temblaba acordándome del atrevimiento de ese gordo grosero...

SANTIAGO

Y mientras, preguntando, yendo, volviendo por el laberinto cairota, difícilmente encuentro el rumbo del hotel, mi cuerpo se estremece de disgusto recordando el abrazo del alquimista, y mis narices aspiran todavía, como un veneno, el perfume picante de sus ungüentos...

Termina de sonar la alarma.

KATHIE

Ay, qué rápido se pasaron hoy las dos horas.

SANTIAGO

Sí, volando. Pero trabajamos bien ¿no, Kathie?

Se sonríen.

FIN DEL
PRIMER ACTO

SEGUNDO ACTO

El decorado es el mismo. Al oscurecerse el teatro, se oye la música parisina que ambienta la buhardilla de Kathie Kennety: «Les feuilles mortes», «J'attendrai toujours» o algo igualmente conocido y fechado. Los cuatro personajes en escena, pero la iluminación se concentra en Santiago, sentado en su lugar de trabajo, dictando en la grabadora, y Kathie, quien, con papeles y mapas en las manos, se pasea mientras recuerda y relata. Una música africana reemplaza a la melodía parisina: tam-tams tribales, gruñidos de fieras, cantos de pájaros, el estruendo de una cascada. En una caricatura imaginaria de la escena, Ana y Juan pueden mimar lo que va narrándose.

KATHIE

La primera noche en Murchison Falls, me despertó un ruido horrible.

SANTIAGO

Noche de luna y de viento a orillas del lago Victoria, en las inmediaciones de Murchison Falls. Ruidos indescifrables rasgan de pronto la tiniebla africana, despertándome.

KATHIE

No eran las cataratas sino otro ruido. El hotel estaba repleto y me habían metido en una carpa, en el jardín. La lona bailoteaba con el viento, parecía que se iba a volar.

SANTIAGO

Las frágiles tiendas beduinas del campamento donde me han dado albergue se estremecen como si fueran de papel de arroz.

KATHIE

Me vestí a la carrera y salí a ver qué era toda esa bulla.

SANTIAGO

Asustada, aturdida, me incorporo en mi hamaca de fibras. Manoteo, aparto el mosquitero, rescato el revólver de empuñadura de concheperla que tengo bajo la almohada.

KATHIE

¿Qué pasaba? ¿Qué ocurría?

SANTIAGO

¿Qué pasa? ¿Qué ocurre? ¿Se desbordan las cataratas? ¿Se sale el lago? ¿Tiembla la tierra? ¿Ataca nuestro campamento una manada de elefantes? ¿Una tribu de caníbales?

KATHIE

Nada de eso. Dos «hipos» se peleaban por una «hipa».

SANTIAGO (*Apagando un instante la grabadora*)

¿Hipos? Ah, hipopótamos. ¿Ése era el ruido que la despertó? ¿Dos hipopótamos peleándose por una hipopótama?

KATHIE

¿No debe decirse hipopótamo hembra?

SANTIAGO

Debe decirse lo que suena bonito. Hipopótama es sonoro, fuerte, original. (*Dictando de nuevo.*) ¿Se sale el lago? ¿Tiembla la tierra? ¿Ataca nuestro campamento una manada de elefantes? ¿Una tribu de caníbales? No. Es una vez más la eterna historia, el triángulo amoroso, la vieja cantilena del deseo, el duelo y el estupro. En el turbio lodazal de las orillas de Murchison Falls, rugiendo y tronando, dos hipopótamos se entrematan por una hipopótama.

KATHIE

La noche estaba retinta, no se veía ni michi. Pero por los ruidos me daba cuenta que la pelea era feroz.

SANTIAGO (*Cada vez más entusiasmado*)

Ahí los veo, en las sombras de alquitrán, prehistóricos, macizos, torpes, cabezudos, con sus cuerpos cilíndricos y sus patitas ridículas, mordiéndose los flancos con ferocidad.

KATHIE

La hembra esperaba, muy casquivana, muy veleta, a ver cuál de los machos se iba con ella.

SANTIAGO

Entretanto, el codiciado botín, la que ha desatado el apetito y el odio paquidérmico, la hipopótama, removiéndose, contoneándose, enardecida acaso por el espectáculo, aguarda al que la victoria en el combate daría el derecho de... ¿de poseerla?, ¿de acometerla?, ¿de preñarla?

KATHIE

Acometerla, mejor. Un alemán, holandés, o algo así, que estaba en Murchison Falls, y que era sabio, científico, algo así, dijo que el hipopótamo era una bestia rarísima.

SANTIAGO (*Hablando con un fuerte acento germánico*)

Esta primitiva estructura rugosa que usted ve, Frau Katharina, el hipopótamo, tiene una garganta tan delicada que sólo puede tragar a los pajaritos, moscas, mariposas y aberrojos que, confundiéndolo con un tronco, se posan en él. Pero es una fiera de una voracidad sexual inacabable, una bestia libidinosa de potencia cataclísmica. No es extraño que, a la primera experiencia, las hipopótamas queden disgustadas para siempre del cucú, como Adèle Foucher, ya que el más inapetente de los hipopótamos supera con facilidad el récord establecido para la especie humana por las nueve perfomances de Victor Hugo en su noche de bodas... (*Retomando su voz natural, sigue dictando.*) Lo que decía el zoólogo prusiano era verdad: todo el resto de la noche oímos al ungulado vencedor y a la complaciente hipopótama copulando con un estruendo que empobrecía el de las cataratas...

KATHIE (*Riéndose*)

¿Qué dirán mis hijos de eso de «copulando con estruendo»?

Ana y Juan, transformados en los hijos de Kathie, se precipitan hacia ella.

JUAN

¿Estás escribiendo un libro de viajes por la Amarilla Asia y la Negra África o un libro porntográfico, mami?

ANA

¿Quieres que todo el mundo se ría de nosotros?

SANTIAGO (*Dejando de dictar*)

¿Son muy prejuiciosos sus hijos?

KATHIE

Sí, supongo que lo son. Ante mí, al menos. ¿Cómo serán cuando están solos? Con sus amigos, con sus amantes. ¿Tendrán amantes mis hijos?

JUAN

Te tenemos una sorpresa que te va a encantar, mamá.

SANTIAGO

Usted habla poco de su familia, en efecto.

ANA

¿No adivinas, mamá? ¡Los pasajes! ¡La jira por la Negra África y la Amarilla Asia!

KATHIE

No hablo de ellos porque éste es un libro de viajes, no una autobiografía.

JUAN

¡Cuarenta y dos países, más de ochenta ciudades!

ANA

¡Todas las religiones, las geografías, las razas, las lenguas! Tendrías que bailar en una pata, mami.

SANTIAGO

¿Le costó mucho convencerlos para que le permitieran hacer un viaje tan largo?

KATHIE

No me costó nada, al contrario. (*Se vuelve hacia sus hijos.*) No voy a bailar en una ni en dos patas, hijita. ¿Por qué se adelantaron a comprar los pasajes? Todavía no he decidido si voy a hacer ese viaje.

JUAN

Porque te mueres por hacerlo y sólo te faltaba un empujoncito. Ya está, ya te lo dimos.

ANA

Vas a aprender mucho, mamá. Esos mundos tan diferentes, esas culturas tan exóticas. Cuántas experiencias y aventuras. Para que las cuentes en tu libro, pues.

JUAN

Todas las reservas en hoteles de primera, por supuesto. Y todas las excursiones, con guías y auto particular.

ANA

¡Quién como tú, mamá!

KATHIE (*Burlona*)

¿No me van a extrañar?

JUAN

Muchísimo. Pero lo hacemos por ti, para que te distraigas, para que escribas ese libro que se te ha antojado.

ANA

¿No dices que la vida limeña, con los tecitos donde Fulanita, las comiditas donde Zutanita, los matrimonios donde Perenganita te tienen hasta la coronilla? ¿Que la frivolidad limeña no te deja tiempo para la cultura? Pues ya está, durante ocho meses te dedicarás a culturizarte.

JUAN

Viajarás con pasaporte diplomático para que no tengas la menor dificultad en las aduanas.

KATHIE

Qué buenos, qué maravilla de hijos tengo. (*Cambiando de tono.*) Son ustedes unos cínicos. Están felices de librarse de mí por un buen tiempo.

JUAN

Cómo puedes decir semejante disparate, mamá. Es imposible tenerte contenta. Y nosotros creyendo que te íbamos a dar la alegría de la vida con estos pasajes.

ANA

Todo lo tuerces y lo pones al revés. ¿Por qué vamos a querer librarnos de ti?

KATHIE (*Se frota el pulgar y el índice*)

Por la platita, mi amor, los solcitos. Porque tendré que dejarles los poderes para que hagan y deshagan a su antojo. ¿No es así?

JUAN

Claro que no es así. ¡La desconfianza tuya de siempre! Tenía que aparecer, cuándo no.

KATHIE

Porque están hartos de que meta la nariz en todo, de que pregunte todo. ¿Acaso no veo la furia que les da tener que pedirme la firma para cualquier cosa?

ANA

En mala hora Johnny tuvo la idea de sugerirte la cesión...

KATHIE

La cesión de poderes para repartirse entre los dos todo lo que es mío antes de que me muera.

JUAN

¡No, no, no! Para evitarte preocupaciones inútiles, para que no te pases el día en notarías, directorios, bufetes, bancos, etc.

ANA

¡Tienes unos delirios de persecución que no hay quien te los aguante, mami!

KATHIE

Pueden ser delirios, pero esa cesión no la voy a hacer porque no quiero sentirme muerta antes de estarlo. Como no les resultó la cesión, ahora me mandan a dar la vuelta al mundo...

ANA

¡No seas injusta, mami!

JUAN

Tú eras la que quería hacer ese viaje, a nosotros no se nos hubiera ocurrido siquiera.

ANA (*A Juan*)

Es una malagradecida, hermano. Devuelve esos pasajes y no te tomes más molestias por ella.

KATHIE

Sólo la molestia de comprarlos, hijita, no te olvides que esos pasajes los pago yo.

JUAN

Bueno, ya está, no peleemos. Los pasajes se devuelven y punto final.

KATHIE

No los devuelvas. Haré el viaje y escribiré mi libro. Pero no se hagan ilusiones, no me va a comer un tigre ni aplastar ningún elefante. Voy a volver enterita, a tomarles cuentas de lo que han hecho con mi plata —mi plata, no se olviden— durante mi ausencia.

Juan se acerca a Kathie y parece querer entablar con ella un diálogo mudo, al que ella se resiste, refugiándose en sus cavilaciones. Ana se acerca a Santiago.

ANA

Te pareces a los hipopótamos, Mark Griffin. No te hagas el que no oye. ¿No es cierto que te pareces a los hipopótamos?

SANTIAGO

¿En qué me parezco a los hipopótamos?

ANA

En apariencia tan seguro, tan fuerte, que cualquiera te creería capaz de comerte un tigre con garras y colmillos. ¡Pura pinta! En realidad, sólo mosquitas, escarabajos, mariposas, pajaritos.

SANTIAGO (*Fantaseando*)

Yo sé en qué me parezco a los hipopótamos...

KATHIE (*Encarnando a Adèle*)

Amor mío, Profe querido, no hagas caso a esa despechada. Olvídate de sus intrigas, no dejes que nos amargue la vida.

SANTIAGO (*Ávido*)

¡Claro que no, gatita de Angora! Ven, que te huela, que te haga cosquillas, que te dé unos lamidos. Ven, no te me escapes.

KATHIE (*Entre encantada y medrosa*)

Te tengo miedo, Mark. Empiezas con esos juegos y ya sabemos donde terminan.

SANTIAGO (*Alzándola en peso, paseándola en sus brazos*)

Donde deben terminar. ¿Y qué? ¿No estás feliz de encender este fuego en tu marido, Adèle?

KATHIE

En mi amante, querrás decir. Tu mujer no soy yo sino esa despechada.

SANTIAGO

Ya no lo es puesto que la dejé por ti, zonza. Ahora tú eres mi mujer, además de mi gatita, mi alumna y mi amante.

KATHIE

Calma, cálmate, amor. Éstas no son horas. ¿No tienes que dictar una clase sobre los místicos españoles?

SANTIAGO

Que se vayan a la mierda los místicos españoles. Ahora quiero dictarte una clase a ti solita, ahí, en el dormitorio. Ven, ven.

KATHIE (*Mesmerizada*)
¿Otra vez, amor? ¿Te has vuelto loco? Si hicimos cositas anoche y esta mañana.

SANTIAGO (*Enloquecido*)
Las haremos antes y después del almuerzo, a la hora del té y de la comida. ¡Las haremos nueve veces! ¡Nueve veces!

KATHIE
Quién se iba a imaginar que el Profesor Mark Griffin fuera capaz de estas proezas.

SANTIAGO
Es tu culpa, despiertas en mí una furia volcánica. Cuando veo tu cuerpecito, cuando lo siento, lo oigo, lo huelo, se desata una tempestad en mis venas.

KATHIE (*Haciendo pucheros*)
Pero no soy la única que levanta esas tempestades, Víctor. ¿Crees que no sé lo que haces con Juliette Drouet? ¿Crees que no sé con cuántas de esas mosquitas muertas que te rodean has hecho también cositas?

SANTIAGO (*Soberbio, castigador*)
Son aventuras sin importancia, Adèle, no dejan huella ni en mis sentimientos ni en mi poesía. Esas chicuelas me sirven para comprobar cómo, a la hora de las cositas, nadie se compara a mi *Adèle chérie*.

KATHIE (*Lloriqueando*)

Me da celos imaginarte haciéndoles cositas. Sufro, sufro.

SANTIAGO

Los celos aderezan el amor, lo excitan, lo colorean, lo perfuman.

KATHIE

¡Si no se te escapa una falda! Mira mis uñas. Las tenía larguísimas y ahora ¡mira! Es por ti, por tus traiciones. Cada vez que sales me come la angustia: ¿con cuál de esas mosquitas estará ahora? ¿Qué les dirá? ¿Qué les hará? ¿Y dónde? ¿Y cuántas veces? ¿Nueve veces?

SANTIAGO

Dios, la naturaleza o el Demonio me han dotado de unas urgencias superiores a las del hombre común. El don de la poesía, en mi caso, ha venido acompañado de la furia del amor.

KATHIE

¿Pero acaso no hacemos cositas todos los días, Víctor?

SANTIAGO

No me basta, Adèle. Debo saciar estas ansias, apagar esta lava.

KATHIE

¡Eres una maravilla de la naturaleza!

SANTIAGO

Lo soy.

KATHIE

¡Eres insaciable, incansable, insuperable!

SANTIAGO

Lo soy.

KATHIE

¡Eres Victor Hugo, Mark Griffin!

SANTIAGO

Como el aire para los demás, para mí la mujer. La necesito continuamente, so pena de asfixia. Les pasa a los alcohólicos con el ajenjo, a los narcómanos con el láudano y el opio. A mí, con la mujer.

KATHIE

Tu sabiduría supera la del Kamasutra, la del Ananga Ranga, la de Giacomo Casanova, la del Divino Marqués.

SANTIAGO

Las supera. ¿Qué se sienten las mujeres cuando hacen cositas conmigo, *Adèle chérie*?

KATHIE

Unas mariposas clavadas en un alfiler, unas mosquitas prisioneras en la tela encerada, unos pollitos en el asador.

Una carcajada de Ana, que los ha estado observando con burla, rompe el encantamiento. Todos miran a Kathie y a Juan.

JUAN (*Convertido de nuevo en Johnny darling*)

¿Y nuestro hijo?

KATHIE (*Volviendo a ser ella*)

¡Mi hijo! ¡Pobre hijo! No salió en nada a su padre. (*A Juan.*) Tú eras un badulaque entretenido, un ocioso simpático, Johnny darling. La plata sólo te interesaba para gastarla. Johnnycito, en cambio, es el hombre más trabajador del mundo, el más formal, el más aburrido y el más antipático. La plata sólo le interesa para hacer más plata.

JUAN

Estás mintiendo, Kathie. Estás calumniando a Johnnycito.

KATHIE

No lo calumnio. Sólo le interesan el Banco, los directorios, las cotizaciones, la Bolsa, la hacienda. Su única preocupación en el mundo es si vendrá o no vendrá algún día la Reforma Agraria.

SANTIAGO (*Pensando en voz alta*)

¿Y sabes tú, Kathie, qué es la Reforma Agraria?

KATHIE

Quitarles las haciendas a la gente decente para dárselas a los indios. A veces, me gustaría que viniera la Reforma Agraria sólo para ver la cara de Johnnycito.

JUAN

¿También piensas tan mal de tu hija?

KATHIE

Es una frívola y una cabeza hueca: ésa sí salió a ti, Johnny darling. Corregida y aumentada: no piensa más que en playas, fiestas, trapos y hombres. Y en ese orden.

JUAN

Detestas a tus hijos tanto como me detestabas a mí, Kathie Kennety.

KATHIE

No los detesto tanto como te detestaba a ti. Son ellos los que me odian. Porque no los dejo disponer de lo que es mío.

JUAN

Eso es lo que quisieras creer. Pero sabes muy bien que mientes, Kathie.

KATHIE

Sí, miento. En realidad, me detestan por tu culpa.

JUAN

Te detestan porque te hacen responsable de la muerte de su padre. Y es justo.

KATHIE

No es justo. Ellos no supieron ni sabrán nunca lo que ocurrió.

JUAN

No sabrán los detalles. Pero huelen, sospechan, adivinan, presienten. Por eso te odian y por eso los odias a ellos.

SANTIAGO (*Muy tímido*)

¿Usted y su esposo se separaron alguna vez, Kathie?

KATHIE

Johnny y yo nunca nos separamos. Yo... quedé viuda.

SANTIAGO

Ah, yo había entendido que... Pero ¿y ese señor con el que me cruzo en la puerta de calle, en las escaleras, ese señor que aparece en los periódicos, no es su esposo? Lo siento, no lo sabía.

KATHIE

No tenía por qué saberlo. No tiene por qué sentirlo, tampoco. ¿Acaso miles, millones de mujeres no quedan viudas en el mundo? ¿Qué tiene de raro que una señora quede viuda?

SANTIAGO

Nada, por supuesto. Es tan frecuente, tan natural como que un matrimonio se separe. (*Mira a Ana.*) ¿Acaso miles, millones de mujeres no se separan de sus maridos en el mundo? ¿Acaso ellas convierten eso en una tragedia griega?

KATHIE

No me gustan las tragedias griegas. Pero en este caso se hizo una porque Johnny darling no murió de muerte natural. En realidad... se mató.

Santiago no parece oírla, concentrado como está en Ana, quien ha vuelto a lanzar una carcajada.

SANTIAGO

¿Te ríes de despecho? ¿De celos? ¿De envidia? ¿O de puro estúpida?

ANA

De curiosidad, Profesor.

SANTIAGO

Anda a cocinar, a limpiar la casa, a cuidar a tus hijas, a ocuparte de esas cosas para las que has nacido.

ANA

Primero, sácame de una curiosidad. Me muero por saber cuál fue la razón por la que tu alumna Adèle te dejó. Jajajá...

Estalla música de tam-tams africanos, súbitamente, como traída de golpe por Santiago, para evitar una imagen perniciosa. Coge la grabadora, de prisa, atolondrado.

SANTIAGO

No tengo tiempo, estoy ocupadísimo, se pasan las dos horas, lárgate. (*Dictando.*) Y, por fin, luego de incontables horas de sofocación y sudor, entre una exuberante vegetación en la que proliferan el bambú, el ébano y el árbol del pan, el traqueteante autobús se detiene en una pequeña aldea, entre Moshe y Mombasa.

KATHIE

Vimos, entonces, en una cabañita, algo increíble, increíble.

SANTIAGO (*Dictando*)

Se ofrece, entonces, a nuestros ojos un inimaginable, escalofriante espectáculo.

KATHIE

Unos chiquitos calatos, con las barriguitas hinchadas, comían tierra, como si fuera caramelos.

SANTIAGO

Unos niños desnudos, de vientres inflados por los parásitos, sacian su hambre con unas presas de carne de sospechosa blancura. ¿Qué ven mis ojos? Inmovilizada por el espanto, comprendo que esas criaturas ávidas devoran, uno, una manita, otra, un pie, el de más allá un hombro, del cadáver de otro niño.

KATHIE (*Desconcertada*)
¿Quiere decir que eran caníbales?

SANTIAGO (*Dejando de dictar, desmoralizado por las miradas burlonas de Ana*)
Para que resulte más dramático, más original, más exótico. Que unos niños coman tierra es algo que también pasa aquí en el Perú, Kathie, y no sorprendería a nadie.

KATHIE (*Asombrada*)
¿Aquí en el Perú? ¿Está usted seguro?

SANTIAGO
El Perú no es Lima, Kathie. Y Lima no es San Isidro. Aquí en este barrio no los verá usted, pero en ciertas barriadas y en muchos sitios en la sierra ocurren cosas como las que vio en esa aldea africana. Ha dado usted dos o tres veces la vuelta al mundo y tengo la impresión de que apenas conoce su país.

KATHIE
Una vez fui al Cusco, con Johnny. La altura me cayó pésimo. Tiene usted razón ¿sabe? Los peruanos

conocemos mejor el extranjero que nuestro propio país. ¡Qué snobs somos!

ANA (*Muerta de risa*)

Sí, qué snobs somos... ¡los peruanos multimillonarios!

SANTIAGO (*Resignado, suelta la grabadora y mira a Ana*)

Saliste con tu gusto, aguafiestas.

ANA

¡Qué papelón, Mark Griffin! Abandonar a tu mujer, a tus hijas, escaparte con una Lolita, convertirte en el hazmerreír de la Universidad. ¿Y para qué? Para que la vampiresa te largara al poquito tiempo y vinieras a pedirme perdón como un perro sarnoso. (*Muy irónica.*) ¿Se puede saber por qué te largó Adèle, Victor Hugo?

KATHIE (*Convertida en una Adèle iracunda, a Santiago*)

Porque soy joven, porque estoy comenzando mi vida, porque quiero gozar, porque no tengo por qué vivir como una monja. Si tuviera vocación de monja me hubiera metido al convento. ¿Entiendes?

SANTIAGO (*Compungido, intimidado*)

Claro que lo entiendo, gatita de Angora. Pero tampoco exageres, no es para tanto.

KATHIE

Sabes muy bien que no exagero. Te pasas el día diciéndome que me quieres, que te mueres por mí, pero a la hora de la verdad, a la hora de la hora, a la hora de las cositas, pssst... te desinflas como un globo con huecos.

SANTIAGO (*Tratando de que hable más bajo, de calmarla, de que nadie oiga*)

Tienes que ser un poquito más comprensiva, gatita de Angora.

KATHIE (*Cada vez más enojada*)

Eres puro bluff, Mark, pura pinta, un hipopótamo que parece terrorífico pero que sólo come pajaritos.

SANTIAGO (*Terriblemente incómodo*)

Tengo muchas preocupaciones, gatita de Angora. Las intrigas de esa miserable de Ana me rompen los nervios. Y, además, las clases sobre los místicos españoles, sus teorías y prédicas acerca del ascetismo, producen cierto efecto en la psiquis, adormecen la libido. ¿Te explico qué es la libido? Muy interesante, ya verás. Un señor que se llamaba Freud...

KATHIE

Me importan un pito la psiquis, la libido. ¡Pretextos, cuentos, mentiras! La verdad es que eres un aguado, un flojonazo, un, un...

ANA

¿Impotente, tal vez?

KATHIE

Eso, eso, un impotente. Eso es lo que eres, Mark Griffin: ¡un impotente!

SANTIAGO (*No sabe dónde meterse*)

No digas esa palabra, Adèle. No grites, los vecinos pueden oír, qué vergüenza. Ahora que esté más tranquilo, en las vacaciones, ya vas a ver cómo...

Ana los oye muerta de risa.

KATHIE

¿Crees que voy a esperar hasta el verano para que hagamos cositas?

SANTIAGO

Pero si hicimos cositas la otra noche, amor, después de esa película...

KATHIE

¡Hace tres semanas! ¡Hace un mes! ¿Crees que voy a tener de amante a un vejestorio que hace cositas una vez al mes y sólo después de ver películas pornográficas? ¿Crees eso?

SANTIAGO (*Queriendo enterrarse vivo*)

El amor-pasión, basado en la cópula animal, no lo es todo en la vida, gatita de Angora. Ni siquiera el recomendable. Por el contrario, es efímero, un castillo de arena que se deshace al primer golpe de viento. El amor-solidaridad, en cambio, basado en la comprensión, en la comunidad de luchas, de ideales...

KATHIE

Bueno, búscate otra idiota con quien hacer el amor-solidaridad. A mí el que me gusta es el otro, ¿cómo se llama?, ¿amor de la pasión, amor-pasión? El de las cochinadas, el de los animales, ése es el que a mí me gusta. Chaucito, Profesor. No quiero verte más, ni en pintura. ¡Chaucito, Victor Hugo de mentira!

Se va a aplaudir a Juan, que hace proezas en la tabla, sobre un mar agitado.

SANTIAGO (*Cabizbajo, abrumado, a Ana que lo mira compasivamente*)

Hiciste una montaña de lo que era una piedrecita. Nunca has tenido el sentido de las proporciones, del equilibrio entre el efecto y la causa. No se puede dar una cuchillada al que se tropieza contigo de casualidad en la calle.

ANA

¿Otra de mis taras burguesas, sin duda?

SANTIAGO

Todos los matrimonios tienen crisis. Se separan sin problemas, se reconcilian sin problemas. Tú tenías que convertir eso en una tragedia griega.

ANA

A lo mejor es culpa de la educación que me diste. ¿No me desaburguesaste acaso? ¿No me enseñaste a ver todo desde una perspectiva no individualista, sino social, moral, revolucionaria? Bueno, pues desde esa perspectiva te portaste conmigo como un canallita. (*Se acerca a él en actitud cariñosa.*) Por lo demás, éstos son tus problemas, no los míos. Yo te dejé ir, yo te dejé volver. Nos separamos y nos amistamos cuando quisiste. Yo te aguanto que me cuentes el cuento de la psiquis y de la libido y del amor-solidaridad y que hagamos cositas a la muerte de un obispo. Yo no tengo la culpa de que te gusten las tragedias griegas, Mark Griffin.

Santiago se apoya en ella, y Ana le acaricia la cabeza, como a un niño.

SANTIAGO

Es cierto, soy un romántico incorregible. Pero ¿no sería bonito protagonizar siquiera una vez en la vida una tragedia griega?

Ambos se vuelven a mirar a Juan, quien, luego de haber estado corriendo olas, está ahora hecho un pavo real, recibiendo abrazos y felicitaciones de una multitud invisible. Exhibe la copa que ha ganado en el campeonato de «surf». Se lo nota feliz y un poco ebrio.

JUAN (*A Kathie*)

¿Por qué no viniste a la fiesta que me dieron, *darling*? Nunca estás conmigo cuando me haces falta. Todo el mundo preguntaba por ti y no sabía qué decirles. ¿Por qué no viniste? ¡Era en honor del ganador de la copa, Kathie! ¡Y el ganador de la copa es tu marido! ¿No significa eso nada para ti?

KATHIE

Absolutamente nada, Johnny darling. Estoy hasta la coronilla de tus campeonatos, de tu tabla y de tus *parties*. Por eso no fui a la fiesta y por eso no volveré más a nada que tenga que ver con la tabla. Porque no he visto nunca tanta idiotez ni tantos idiotas como entre los tablistas.

JUAN

Ya sé lo que te pasa. Tienes envidia.

KATHIE

¿De ti?

JUAN

Sí, de mí. De que entre en los campeonatos y los gane. En el Perú, en Hawai, en Sidney, en Sudáfrica. De que me aplaudan y me fotografíen y me den *parties*. Tienes envidia. Porque eres una ilustre desconocida, que sólo vale ante el mundo por ser mi mujer. Por eso rajas del *surf*. ¡Pura envidia!

KATHIE (*Se ríe*)

Eres muy capaz de creer que te tengo envidia, Johnny darling.

JUAN

Y celos. ¡Atrévete a negarlo! Te mueres de celos de todas las chicas que se me acercan. Porque las tengo aquí, por decenas, por centenas. En Lima, en Hawai, en Australia, en Sudáfrica.

KATHIE

Es verdad. Pierden la cabeza porque un estúpido sabe hacer equilibrio sobre una tabla...

JUAN

Y tú te mueres de celos. No fuiste a mi *party* para no ver a las chicas bonitas que había y que me coqueteaban. Porque ellas son jóvenes y tú te estás volviendo vieja. Porque ellas son bonitas y tú te estás volviendo fea. ¡Porque te mueres de celos!

KATHIE

Ahora ya no. Me moría al principio. Los primeros meses, los primeros años.

JUAN

Te sigues muriendo de celos. Cada vez que una chica me hace gracias se te tuerce la cara, se te descompone la voz. ¿Crees que no me doy cuenta?

KATHIE (*No lo oye, recuerda*)

No podía creerlo. Cada vez que te pescaba, me moría. ¿Con Adelita? Sí, con Adelita. ¿Con July? Sí, con July. ¿Con Jessy? Sí, con Jessy. Con mis mejores amigas, con mis mejores enemigas. Me quedaba humillada, dolida, golpeada. Es cierto, me moría de celos. Se acababa el mundo, me sentía el ser más desamparado de la tierra. ¿Cómo podías hacer cositas a diestra y siniestra y decirme que me querías?

JUAN (*Un poco confuso, tratando de hacer las paces*)

Y eso qué tiene que ver. El amor es una cosa y otra las cositas. Claro que te quería. ¿Acaso no te quiero todavía? A pesar de que no fuiste a mi *party*. Me lo fregaste, zonza. Lo de las cositas ya te lo he explicado: no cuentan, no cuentan. A esas chicas me las llevo a la cama y pssst, me olvido. Son plancitos, como tomarse un *drink* o cambiarse de camisa. Pasatiempos del cucú, entretenimientos del cucú. El corazón no entra para nada, zonza. El cucú para todas, el corazón para ti solita. Como cuando éramos enamorados, ¿no te acuerdas?: «Esta noche no puedo salir contigo, esta noche es para mis huachafas». ¿Acaso una enamorada se pone celosa porque su enamorado hace cositas con una huachafa? Es lo mismo, ¿no comprendes?

KATHIE

Ya he comprendido. Por eso ya no tengo celos. No fue por celos que no fui a tu *party*.

JUAN (*Conciliatorio*)

Bueno, te dije eso porque estaba furioso. Ya se me pasó. Te perdono por esta vez. Sólo por esta vez. No vuelvas a hacerme una perrada así. (*Sonriendo.*) Y ahora aquí, al oído, sin que nadie nos oiga, ¿te mueres o no te mueres de celos?

KATHIE

Ya nunca me muero de celos, Johnny darling.

JUAN (*Jugando, haciendo arrumacos*)

Dime que sí te mueres, me gusta. ¿Te mueres de celos de tu maridito?

KATHIE

Se tienen celos cuando una está enamorada. Yo dejé de quererte hace tiempo, Johnny darling.

JUAN

¿Estás hablando en serio?

KATHIE

Cuando fui dándome cuenta de la nulidad que eras, de lo tonto que eras...

JUAN

¿Te das cuenta de lo que estás diciendo?

KATHIE

... de lo vacía que era tu vida, de la porquería en que habías convertido mi vida. Entonces dejé de tener celos.

JUAN

O sea que quieres pelear. Me dejas plantado y todavía te das el lujo de insultarme.

KATHIE

Cuando comencé a despreciarte se fueron yendo los celos. Ya no queda rastro de ellos. Puedes darles el corazón también, además del cucú, a todas las chicas bonitas del mundo, Johnny darling.

JUAN

Ah, eso del corazón y el cucú te dolió. Yo estaba dispuesto a hacer las paces, zonza. Mejor cambiemos de tema, ya me cansé de oírte siempre los mismos insultos. Pareces un disco rayado.

KATHIE

No, sigamos con el tema de los celos. Tú mismo lo escogiste. ¿Con cuántas chicas bonitas me has engañado?

JUAN (*De nuevo furioso*)

Con más de las que te imaginas.

KATHIE

¿Veinte? ¿Cincuenta? ¿Cien? No pueden ser muchas más. (*Calculando.*) En diez años de matrimonio, cien hacen unas diez por año, casi una por mes. Tienes razón, pudieran ser más. ¿Ciento cincuenta? ¿Doscientas?

JUAN

Todas las que me dio la gana.

KATHIE

No sabes cuántas. En cambio, yo sí sé con cuántos te he engañado, Johnny darling.

JUAN

No juegues con eso, Kathie.

KATHIE

Ocho, exactamente. Algunos tablistas, fíjate. Y hasta campeones, creo.

JUAN

No te permito esas bromas, Kathie.

KATHIE

Con Bepo Torres, en el verano del 57, en la playa de Kon Tiki. En la casita de Bepo, junto al faro. Su mujer había llevado a su madre a Estados Unidos, para un *lifting*, ¿te acuerdas?

JUAN (*Sólo ahora parece empezar a creer*)

¿Estás hablando en serio? ¿Estás hablando en serio?

KATHIE

Con Ken, el australiano, la primera vez que fuimos a Sidney. ¿1958, no? Ése al que admirabas, el que se metía al túnel de la ola. Tú hacías cositas con su amiga Shila, ¿no es cierto? Pues yo con él, Johnny darling.

JUAN (*Pasa del desconcierto a la cólera, de la incredulidad al espanto*)

¿Quieres que te rompa la cara? ¿Quieres que te mate? ¿Qué es lo que quieres tú?

KATHIE

Con Kike Riketts, el de los autos. En 1960, en Hawai, con tu amigo Rivarola, el de la pesca submarina. Al año siguiente, en Sudáfrica, con el alemán del safari, el que nos llevó al criadero de avestruces en Wildemes. Hans no sé cuántos, ¿no? Y al otro año con el Sapito Saldívar.

JUAN (*Le tapa la boca, parece que fuera a estrangularla*)
¿Me estás diciendo la verdad, maldita?

KATHIE (*Sin resistir*)
¿No quieres saber los nombres de los otros dos?

JUAN (*Duda, la suelta. Está sudoroso, acezante, abrumado*)
Sí.

KATHIE
Harry Santana. Y... Abel.

JUAN (*Enloquecido*)
¿Abel?

KATHIE
Tu hermano Abel. ¿Es el que más te duele? Ocho, exactamente. (*Lo examina.*) ¿Quién siente celos, ahora?

JUAN (*Derrumbado, mira a Kathie con estupefacción*)
Esto no va a quedar así, me las vas a pagar, te

vas a arrepentir. Y esos canallas se van a arrepentir peor que tú. Ah no, esto sí que no, esto sí que no. (*Lo interrumpe un sollozo. Se tapa la cara con las manos mientras hipa y llora, bajo la mirada indiferente de Kathie.*) ¿Por qué me hiciste eso?

KATHIE (*Profundamente deprimida*)

Por vengarme de esas chicas bonitas que te llevabas a la cama en mis narices. Por aburrimiento, para llenar de alguna manera el vacío. Y, también, con la esperanza de encontrar alguien que valiera la pena, alguien de quien pudiera enamorarme, que pudiera mejorar mi vida...

JUAN

¿Sabes que te voy a pegar cinco tiros?

KATHIE

Basta con uno si lo pegas bien, Johnny darling. A lo mejor te lo he contado para que me pegues esos cinco tiros. Estoy harta de mí también.

JUAN

¿Harta de tus hijos, también?

KATHIE

Sí, también. Tampoco ellos cambiaron nada. Ni siquiera tengo la ilusión de verlos crecer, de saber qué harán en la vida. Lo sé de sobra. Serán unos idiotas, como tú y como yo.

JUAN

Eres un ser sin sentimientos, un verdadero monstruo.

KATHIE

No lo era cuando me casé contigo, Johnny darling. Era una muchacha no sólo bonita, sino también inquieta, curiosa. No sólo rica, también con ganas de aprender, de mejorar, de hacer cosas. Un poco inculta y frívola sí lo era. Pero estaba todavía a tiempo de cambiar. Esa posibilidad la mataste. Vivir contigo me volvió igual que tú. (*Se vuelve hacia Santiago.*) A usted yo hubiera debido conocerlo de joven, Mark.

A lo largo de la escena que sigue, Juan se está emborrachando.

SANTIAGO

¿Sabe cómo era yo de joven, Kathie?

KATHIE

Como si lo estuviera viendo.

SANTIAGO (*Ansioso, esperanzado*)

¿Cómo era yo, Kathie? Dígamelo, por favor.

KATHIE

Nacido en el mundo sucio y promiscuo de las barriadas, huérfano de padre y madre, estudió usted en un colegio fiscal. Se mantenía trabajando como lustrabotas, cuidando autos, vendiendo loterías y periódicos.

ANA (*Acariciándole la cabeza, compasiva*)

En realidad, estudiaste donde los Padres Salesianos. Tu familia no era pobre sino pobretona. Y no trabajaste hasta cumplir veinte años.

KATHIE

En vez de ir a la Universidad Católica, fue a la Nacional, a San Marcos, por ateo y por pobre. Estudiante brillantísimo desde el primer día. El primero en llegar a la Facultad y el último en abandonarla. ¿Cuántas horas pasaba en las bibliotecas, Mark?

SANTIAGO

Muchas, muchas horas.

ANA

¿Y cuántas en los billares de la calle Azángaro? ¿Llegaste alguna vez a las clases de Metafísica? ¿A las de Historia Antigua? Porque eras un dormilón terrible, Mark Griffin.

KATHIE

¿Cuántos libros a la semana leía Victor Hugo? Dos, tres, a veces uno por día.

ANA

Pero estudiabas poco, no tenías paciencia ni perseverancia. ¿Entendiste a Heidegger? ¿Llegaste a traducir un verso de latín? ¿Aprendiste algún idioma extranjero?

KATHIE

Siendo tan pobre, no podía darse ninguno de los lujos de los muchachos de San Isidro o Miraflores: ni tener auto, ni comprarse ropa, ni ser socio del Waikiki, ni correr tabla, ni echar una cana al aire los sábados.

ANA

¿Y las borracheras con cerveza en el Patio y en el Bar Palermo no eran canas al aire? ¿Y las visitas al burdel de la Señora Nannette, de la Avenida Grau, que te daban remordimientos socialistas?

KATHIE

¿Qué podían importarle a Victor Hugo las frivolidades miraflorinas, los esnobismos sanisidrinos? Sus días y sus noches estaban dedicados a cosas profundas y elevadas: asimilar las ideas de los grandes para hacer luego cosas grandes.

ANA

¿Por qué abandonaste los estudios, entonces? ¿Por qué copiabas en los exámenes? ¿Por qué no hacías los trabajos? ¿Por qué faltabas a clase?

KATHIE

¿Qué podían importarle a usted las proezas de los tablistas en el Mar Pacífico? Para usted sólo existían el espíritu, la cultura y la revolución. Porque también se dedicaba usted a corregir las injusticias sociales ¿no, Carlos Marx?

SANTIAGO (*Arrobado*)

Es verdad. Los círculos de estudios marxistas...

ANA

... que te aburrían mortalmente. ¿Entendiste *El Capital*? ¿Leíste *El Capital*? ¿Terminaste *La Dialéctica de la Naturaleza*? ¿Cómo se llamaba ese libro que parecía un trabalenguas? ¿Materialismo y Empirio qué? ¿Empirioclasicismo? ¿Empiriocriticismo? ¿Empiriocretinismo? Ay, qué risa.

SANTIAGO (*Con una sonrisa melancólica*)

Y la militancia en el Partido, donde éramos pocos pero bien sectarios.

KATHIE

La militancia, sí, sí. Enseñar a leer a los pobres, hacer caridades, repartir limosnas, organizar kermesses, huelgas, revoluciones, poner bombas.

ANA

Más bien intrigar hasta la náusea en los pasillos de la Universidad y en los cafetuchos del centro contra Fulano, Zutano y Mengano. Acusar de trotskistas a los maoístas, de estalinistas a los leninistas, de revisionistas a los socialistas y a todos los adversarios de soplones, nazis y fascistas.

KATHIE (*Exaltada*)

¡Eso era vida, Victor Hugo! ¡Eso era ser joven, Carlos Marx! La cultura, la política, los libros, las limosnas, los fusilamientos, la revolución, las cárceles. Usted no se sintió vacío un solo minuto de su vida ¿no es cierto?

SANTIAGO

No tenía tiempo para eso, Kathie.

KATHIE (*Le coge la mano*)

Y las chicas que eran sus enamoradas...

SANTIAGO

«Enamoradas» es una expresión enajenada y pequeño burguesa. Los que estamos en la lucha, en el Partido, les decimos compañeras.

KATHIE (*Ansiosa, esperanzada*)

Y a sus compañeras, por el hecho de serlo, de seguirlos, de copiarles los manuscritos, de llevarles la comida a los calabozos, de apoyarlos y colaborarlos, algo de esa vida tan rica se les contagiaba y las enriquecía, ¿no es cierto?

ANA (*Siempre afectuosa, compasiva*)

No, no lo es. ¿No es cierto que no es cierto, Mark Griffin?

KATHIE

Cuando se lleva esa vida de joven se hacen grandes cosas de grande. (*La asalta una duda, mira a Santiago súbitamente desconcertada.*) Sin embargo...

ANA

Sin embargo, señor Mark Griffin, señor Victor Hugo, señor Carlos Marx, usted no ha hecho aún esas cosas grandes. ¿Por qué?

SANTIAGO (*Angustiado*)

¿Por qué, a pesar de haberte preparado tanto para hacer grandes cosas...

ANA

... sólo has hecho cosas chiquitas, chiquitas?

SANTIAGO

¿Qué pasó con esos libros que no escribiste?

ANA

¿Qué pasó con esos partidos en los que nunca militaste?

SANTIAGO

¿Qué pasó con esas huelgas que no organizaste, con esas revoluciones que no planeaste ni ejecutaste?

ANA

¿Qué pasó con esas mujeres que tanto soñaste, con esos placeres que nunca tuviste, con esas cositas que no hiciste?

SANTIAGO

¿Qué pasó con esas proezas intelectuales, sociales, sexuales que nunca realizaste?

KATHIE

¿Qué pasó, Victor Hugo?

ANA

¿Qué pasó, Carlos Marx?

KATHIE

¿Qué pasó, Mark Griffin?

SANTIAGO (*Mira a derecha e izquierda, busca, trata desesperado de encontrar una respuesta*)

Me casé con la mujer que no debía. Nunca me comprendió ni me ayudó. Me arrastró al fracaso por su incultura, por su pequeñez, por su estupidez. ¡Eso fue lo que pasó! Me casé con una infeliz que me frustró, que me fregó, que me castró.

KATHIE (*Resplandece, lo abraza*)

Lo sabía, lo sabía. También te pasó a ti. Nos parecemos, somos iguales. No supimos elegir, nuestra vida hubiera sido distinta con otro marido, con otra mujer. Ah, qué bueno que nos conozcamos, que nos parezcamos, Mark.

SANTIAGO (*Abrazándola también*)

Eres la compañera que necesitaba, la que me hubiera entendido, estimulado, empujado, excitado. Alguien que creyera en mí, me defendiera contra la indolencia, contra el pesimismo, que... (*La risita de Ana obliga a Santiago a mirarla.*) ¡Y no sólo me equivoqué una vez! ¡Me equivoqué también la segunda vez! Adèle tampoco me ayudó, me exigió lo que no tenía y no podía, transtornó mis valores, volvió sustantivo lo adjetivo y adjetivo lo sustantivo, me humilló...

ANA (*Le hace una morisqueta*)

Cu-cú, cu-cú, cu-cú.

SANTIAGO

¡Eso fue lo que pasó! Mi mujer me mató y mi amante me remató.

KATHIE

Igual que a mí Bepo, Ken, Kike, Rivarola, Hans, el Sapito Saldívar, Harry y Abel. ¡También elegimos mal a nuestros amantes! Nadie nos entendió, estimuló, empujó ni excitó. Nos frustraron, nos fregaron, nos castraron.

SANTIAGO (*Mirándola a los ojos, lleno de ilusión*)

Ah, qué bueno que nos conozcamos, que nos parezcamos, Kathie.

KATHIE

Tú me sacarás de las pistas de patinaje, de los salchicha-*parties*, de los *showers*, de las fiestas, tú me salvarás del infierno del *surf*.

SANTIAGO

Conmigo leerás todos los libros, verás todas las exposiciones y escucharás todos los conciertos.

KATHIE

Te llevaré comida a la cárcel, copiaré tus manuscritos, por ti aprenderé a poner bombas, a matar.

SANTIAGO

Comentaremos juntos las novelas, los poemas y los dramas. Serás mi inspiración, mi fuerza, el antídoto contra las dudas. Te leeré lo que escriba y me darás ideas, temas, palabras.

ANA

¿Y quién lavará los platos, fregará los pisos, cambiará pañales y hará la comida?

KATHIE

Aprenderemos el chino, el griego, el alemán...

SANTIAGO

... el ruso, el japonés.

ANA

¿El cucú cantará cada bimestre? ¿Cada trimestre? ¿Cada semestre?

KATHIE

La cultura, el amor...

SANTIAGO

... la revolución, el placer.

KATHIE

¡Ah! ¡Ah!

SANTIAGO

Cuando te tenga desnuda en mis brazos, seremos dos soberanos, los emperadores del paraíso.

ANA

¿Esa frase no es de Victor Hugo?

KATHIE

Te amo, te amo. Ámame tú también, Mark.

SANTIAGO

Te amo y esta noche el cucú cantará nueve veces, Adèle.

La besa con pasión, mientras Ana se ríe, pero su risa queda sumergida por la voz de Juan, quien está regresando a su casa, borracho como una cuba, con una pistola en la mano.

JUAN

Los mataré a los nueve. A los ocho samurais y

a ti. Y después a mí. ¡Carajo! ¡Carajo! Esto no se va a quedar así. (*Se mira en una vitrina.*) ¿Qué miras, cornudo? Cornudo, cornudo, cornudo. ¡Eso es lo que eres, Johnny darling! Un carnero, un chivo, un cachudo. ¡Un cornudo! (*Un sollozo le corta la voz.*) ¿Cómo puede seguir dando vueltas el mundo? ¿Qué te hice para que te portaras así, grandísima? ¿Me metiste cuernos por correr olas? ¿Por las rabietas que te da la tabla? Y tú me llamas a mí estúpido... ¿A quién le hago daño corriendo tabla? ¿Qué tiene de malo que me guste el deporte? ¿Es preferible chupar, jalar, pincharse? Yo soy un tipo sano, ¿no te das cuenta? ¿Acaso soy borracho? Tomo lo justo para divertirme. ¿Soy un pichicatero, acaso? No lo soy. Fumo un pito a veces, doy un jalón a veces, sólo para ponerme *high*. Tú hubieras preferido que fuera borracho, pichicatero y hasta maricón antes que tablista ¿no, grandísima? Me tenías envidia, no aguantabas mis triunfos, en Lima, en Hawai, en Sudáfrica, en Australia. ¡Sí, sí, grandísima! Yo he bajado olas de tres, de cuatro, de ocho metros. Olones del tamaño de los cuernos que me has puesto. O sea que también hiciste cositas con Abel. Creías que eso me iba a sacar ronchas ¿no? Te equivocas. Es el que menos me importa, por lo menos con él todo queda en familia. Con su mujer yo hubiera hecho cositas hace años si hubiera querido. No las hice porque tiene vello en las axilas y a mí las que no se depilan ¡puafff, qué asco! ¡Esto no se va a quedar así! ¡Mamá, mamá! (*Otro sollozo le corta la voz, a medida que la borrachera lo va aturdiendo.*)

Ya nunca podrás mirar a la cara a la gente, Johnny darling. ¡Cómo vas a andar por las calles con esos cuernos estrellándose contra las paredes, topeteando a la pobre gente! En el mar te vas a hundir hasta el fondo por el peso de esos cuernos. Puedes ganar todos los campeonatos de tabla, bajar las olas más asesinas. ¿De qué te servirá? Estos cuernos seguirán aquí, firmes como rocas, hasta que te mueras. Y después de muerto seguirás siendo cornudo, Johnny. ¿Johnny? ¿De qué Johnny hablan? ¡Ah, de ése, del cornudo! Es peor que el pecado original, peor que el cáncer. Preferiría volverme ciego, leproso, sifilítico, preferiría irme al infierno antes que ser cornudo. ¡Cornudo de ocho, Johnny! ¡Qué grandísima, qué grandísima! (*Solloza.*) ¿Y si te hubiera mentido? ¿Si fuera un cuento, para amargarte la vida? Te odia, Johnny, te odia. Porque ella es antipática y tú eres *nice*, tú eres *darling*, tú eres popular, porque las chicas se mueren por ti. ¿Por qué me odias tanto, grandísima? ¿Porque no me pasé la vida en el Banco, como mi viejo y Abel? ¿Para qué? ¿Para ganar más plata? ¿Para qué necesito más plata? Prefiero sacarle el jugo a la vida. Que trabajen los que les gusta, que amasen más y más. Que se frieguen. Cuando el viejo se muera, haré polvo la herencia. Así, fttt, en dos por tres. ¿Querías que desperdiciara mi vida rompiéndome el alma para morirme riquísimo? ¿Para dejarles más plata a mis hijos que ni siquiera son mis hijos? (*Solloza.*) ¿Tus hijos son mis hijos? Eso vas a decírmelo, grandísima. ¡Cómo has podido, cómo has podido! Qué tonta, qué estúpida, volverse puta por celos del cucú. Ninguna de ésas me llegó nunca al corazón, cualquiera lo entendería salvo tú. Era puro pasar el rato, muchas veces hacía cositas sólo por educación, para no quedar mal. Deberías sentirte orgullosa y no celosa, grandísima. (*Llega al fin, tambaleándose, donde se halla Kathie.*) Quiero saber inmediatamente si mis hijos son míos o de los ocho samurais.

KATHIE (*Lo mira con indiferencia, sin dar importancia al revólver de Juan*)

Alejandra es tuya, sin la menor duda. De Johnnycito no estoy segura. Podría ser de Ken, el australiano. De él he tenido siempre dudas. Ahora, las compartiremos.

JUAN (*Se tambalea, abrumado*)

Me estás mintiendo. Ahora es cuando me estás engañando. Todo ha sido una farsa, una broma de mal gusto. Lo de Johnnycito, lo de los samurais. ¿No es cierto que es mentira, que lo inventaste para darme un colerón? (*Se le corta la voz. Cae de rodillas, implorante.*) *Darling*, sapita, por lo que más quieras, te suplico, te ruego, dime que no es verdad que sea cornudo, dime que Johnnycito es mi hijo. Te lo pido de rodillas, te lo suplico besándote los pies. (*Se arrastra, gimiendo.*) Aun cuando sea verdad, dime que todo lo que me dijiste fue mentira. Para poder seguir viviendo, Kathie.

KATHIE (*Lo examina detenidamente*)

Todo lo que te dije es la pura verdad, Johnny darling. Tendrás que cargar con eso de ahora en adelante. Lo peor es que ni siquiera viéndote así me siento arrepentida. Mi rencor es más fuerte. Debo ser un monstruo, quizá. Porque no me das pena ni compasión.

JUAN (*Se incorpora, con el revólver en la mano*)

Entonces, las vas a pagar, grandísima.

KATHIE

Apunta bien. Aquí, al corazón. Acércate para que no te falle, tiemblas mucho. Ya ves, no corro, no me asusto. Si ya acabaste con mi vida hace rato. ¿Se te ocurre que me importa morir? Anda, acaba el trabajo. (*Pero Juan no consigue disparar. Su mano tiembla, su cuerpo tiembla. Se desploma a los pies de Kathie. Se lleva el revólver a la sien y cierra los ojos. Transpira, tiembla como una hoja de papel. Tampoco consigue disparar. Kathie parece, al fin, compadecida.*) Si no puedes matarme, con todo el odio que me debes tener en este momento, menos podrás matarte. Es más difícil ser suicida que asesino. Se necesita más valor que para bajar olones de ocho metros. Se necesita grandeza, sentido del gesto, vocación trágica, un alma romántica. Tú no tienes esas cosas, Johnny darling.

Juan (*Sollozando, con el revólver en la sien*)

Pero tú sí. Ayúdame, ayúdame, sapita. Yo no puedo vivir después de lo que sé, de lo que has hecho, de lo que me has dicho. Ayúdame, ayúdame. (*Con la mano libre, hace que Kathie apoye su mano sobre la mano que él tiene en el gatillo.*) Aprieta, aprieta, véngate de esas cosas que dices que te he hecho, véngate de la tabla, del Waikiki, del vacío, líbrate de...

Con un súbito gesto de decisión, Kathie apoya con fuerza sobre el dedo que Juan tiene en el gatillo. El disparo estalla, potentísimo, y Juan rueda por el suelo. La escena queda unos segundos como congelada.

Santiago

¿Qué hace usted aquí, en París, Kathie, cuando no trabaja en la Amarilla Asia y la Negra África?

Kathie (*Con desaliento y cansancio*)

Voy al Louvre, al Jeu de Paume, a l'Orangerie, al Grand Palais, al Museo de Arte Moderno, a las galerías de la rue de Seine. Camino horas, estoy de pie horas, me canso mucho, se me hinchan los pies. Trato de recuperar el tiempo perdido.

SANTIAGO (*A Ana*)

Trata de recuperar el tiempo perdido. Tú sigues igualita como eras cuando te conocí.

ANA

No he tenido tiempo para mejorar ni para ser distinta. Tu sueldito de *La Crónica* nunca alcanzó para una sirvienta. Y, cuando conseguiste las clases en la Universidad: «Anita, lo siento, mis principios no me permiten tener sirvientas». Pero sí convertir a tu mujer en una sirvienta ¿no? Sigo igualita, tienes razón. ¿Tú has cambiado mucho? Sí, creo que sí. ¿Estás seguro que para mejor?

Ayuda a levantarse a Juan y los dos se van, tomados del brazo, como fantasmas que desaparecen.

KATHIE

Sólo que eso de que nunca es tarde para aprender es mentira. A veces es tarde para ciertas cosas. Una tiene que aprender a conocerlas, a gustar de ellas, a su debido tiempo.

SANTIAGO

¿Se refiere a la pintura moderna? ¿A la música? ¿A la literatura de vanguardia?

KATHIE

A la pintura y a la música antiguas y a la literatura de retaguardia, también. Me aburro. No entiendo. No sé distinguir. No sé cuándo un cuadro es bueno o malo. Lo mismo la música, las obras de teatro, las poesías. Ésa es la verdad, Mark. No se lo diría a nadie, nunca, pero es así.

SANTIAGO

El arte moderno es muy confuso. Todos nos extraviamos en esa selva, le aseguro.

KATHIE

Le voy a confesar algo más. Cuando mi vida era sólo frívola, sólo estúpida, tenía una gran nostalgia de esa otra vida que me estaba perdiendo, la de las cosas profundas, la de la inteligencia, la del arte, la de la literatura. Pero ahora que trato de leer y voy a las exposiciones, a los conciertos, a las conferencias, y me aburro tanto, me pregunto si la vida de la cultura no es, en el fondo, tan mentirosa y tan estúpida como la otra.

SANTIAGO

Por lo visto, los dos somos contra el tren: queremos lo que no tenemos y no queremos lo que tenemos.

KATHIE

Lo malo es que ahora ya no sé qué querer. De repente, me doy cuenta que he perdido las ilusiones. ¿Será eso volverse vieja?

SANTIAGO

¡Qué pesimista está usted hoy día! No le creo

una palabra de lo que me ha dicho. Si se hubiera decepcionado de todo, no estaría escribiendo este libro sobre la Negra África y la Amarilla Asia.

KATHIE

¿Lo estoy escribiendo realmente? ¿O lo está escribiendo usted?

SANTIAGO

Yo soy el amanuense de la historia, el que pone los puntos y las comas y uno que otro adjetivo. El libro es suyo, de principio a fin.

Suena el reloj despertador, indicando que han pasado dos horas.

KATHIE

Vaya, se pasaron las dos horas y no hemos trabajado casi nada. ¿Se puede quedar una media horita más?

SANTIAGO

Puedo. Y no le cobraré sobretiempo.

KATHIE

Bah, el sobretiempo es lo de menos. Unos soles más o menos no llevarán a Johnny a la quiebra. Que gaste un poco en la cultura, siquiera.

SANTIAGO

En ese caso, le cobraré la media hora extra y llevaré a Anita al cine. Se pasa la vida quejándose de que no la saco jamás.

KATHIE

¿Su esposa se llama Ana? Tiene que presentármela. A propósito, hay algo que quería decirle hace tiempo. Debe estar sorprendido de que nunca lo haya invitado a la casa fuera de las horas de trabajo, ¿no?

SANTIAGO

En absoluto. Me doy cuenta de lo atareada que es su vida. Lo veo en los periódicos. Todos los días una fiesta, un *coctail*, una recepción.

KATHIE

Son los compromisos de Johnny. Lo haría quedar mal si no lo acompañara. La verdad, es lo menos que puedo hacer por mi marido, que es tan bueno conmigo. No, no es por eso. Sino porque usted se aburriría mucho con él. Son tan distintos. Johnny es un alma de Dios, el hombre más bueno del mundo, pero también el más inculto.

SANTIAGO

No lo debe ser tanto, cuando ha llegado a la posición en que está.

KATHIE

Lo es, lo dice él mismo. Según Johnny, la cultura es un obstáculo para hacer buenos negocios. «La cultura te la dejo a ti, sapita, tú déjame a mí las cosas prácticas.» Ya lo conocerá y verá lo inculto que es.

SANTIAGO

En realidad, lo conozco. Me lo he encontrado varias veces, al entrar o salir de la casa. Me mira como a un bicho raro. ¿Le ha dicho qué clase de trabajo hago para usted?

KATHIE

Sí, pero estoy segura que le entró por un oído y le salió por el otro.

SANTIAGO (*Cogiendo la grabadora*)

¿Retomamos entonces?

KATHIE (*Meditabunda, dubitativa*)

Sí... Pensándolo bien, creo que no lo voy a hacer.

SANTIAGO

¿Qué cosa?

KATHIE

Invitarlos a usted y a su esposa aquí, a tomar té o a comer, con Johnny y conmigo.

SANTIAGO

Como quiera. Pero ya me dio curiosidad. ¿Se puede saber por qué?

KATHIE

No lo tome a mal. (*Mira con ternura su «buhardilla de París».*) Sería mezclar el agua y el aceite. No hablo de usted y Johnny, aunque sean también como el agua y el aceite, sino de mí. Cuando subo la escalerita de esta azotea, abajo se quedan San Isidro, Lima, el Perú, y le juro que entro de verdad en una buhardilla de París, en la que sólo se respira arte, cultura, fantasía. Allá abajo se queda la señora llena de compromisos, la esposa del banquero. Aquí soy Kathie Kennety, una mujer a ratos soltera, a veces viuda, a veces casada, a ratos santa y a ratos traviesa, que ha tenido todas las experiencias del mundo y que vive para embellecer su espíritu. Usted es parte de este pedacito de mi vida que hace llevadero el resto. Usted me ayuda a que mi sueño se haga realidad, a que mi realidad se haga sueño. No quiero mezclar las dos cosas. Que nuestra amistad se quede en este cuartito de mentiras. Por eso, mejor que no conozca a mi marido y por eso no quiero conocer a su esposa. Que ellos se queden allá abajo. Lo entiende ¿no es verdad?

SANTIAGO

Perfectamente. Y, vea, le doy la razón. Oyéndola, creo que he comprendido por qué nunca me animé a traer a Anita a conocer esto.

KATHIE

¿Le ha contado a su mujer sobre mi buhardilla de París?

SANTIAGO

Le dije que se había hecho construir en la azotea de su casa un cuartito de juguetes. Y, ya sabe lo curiosas que son las mujeres, me vuelve loco pidiéndome que la traiga a conocerlo. Yo le doy siempre largas, con el pretexto de que a usted no le gustaría, pero creo que la verdadera razón es otra.

KATHIE

¿Cuál es la verdadera razón?

SANTIAGO

La misma que tiene usted para que yo no conozca a su marido y venga a su casa, la de abajo. Sin darme cuenta, he entrado en el juego, Kathie. Después de haberme burlado tanto de usted, a mí también este cuartito me ha ido embelesando.

KATHIE

Ya sospechaba que usted se reía de la buhardilla de París y de Kathie Kennety.

SANTIAGO

Claro que me burlaba. Claro que la creía una señora rica y chiflada jugando a un juego carísimo. Me reía y creía venir aquí cada día, ese par de horas, por los soles que me paga. Pero ya no es verdad. La verdad es que desde hace tiempo el juego también me gusta y que estas dos horitas, de mentiras que se vuelven verdades, de verdades que son mentiras, también me ayudan a soportar mejor las demás horas del día.

KATHIE

Me hace bien oírlo, me quita un peso de encima. Me alegro haberle dado confianza desde el primer momento. Mi intuición no me engañó. Muchas gracias, Mark.

SANTIAGO

Soy yo el que le da las gracias. Cuando subo a esta buhardilla, también empiezo otra vida. Abajo se queda el periodista de *La Crónica* que escribe mediocres artículos por un sueldo todavía más mediocre. Abajo se queda el profesorcito mediocre de mediocres alumnos, y aquí nace Mark Griffin, prosista, intelectual, creador, soñador, inventor, árbitro de la inteligencia, summum del buen gusto. Aquí, mientras trabajamos, tengo los amores que nunca tuve, y vivo las tragedias griegas que espero no tener. Aquí, gracias a usted, no sólo viajo por la Amarilla Asia y la Negra África sino por muchos otros sitios que nadie sospecha.

KATHIE

Usted ha dicho mediocre, mediocridad. ¿No es éste un juego también demasiado mediocre?

SANTIAGO

Tal vez lo sea, Kathie. Pero, al menos, no hemos perdido la imaginación, los deseos. No debemos dejar que nos quiten este juguete porque no tenemos otro.

KATHIE

Qué bien nos entendemos. Y qué buenos amigos nos hemos hecho.

SANTIAGO

Amigos y cómplices, Kathie.

KATHIE

Sí, cómplices. Y, a propósito, ¿recomenzamos?

SANTIAGO

Recomenzamos. ¿En qué parte de la Negra África estamos?

Coge su grabadora. Surge una música exótica, entre árabe y africana, sensual, acariciante, misteriosa.

KATHIE (*Revisando sus papeles*)

A ver, a ver... En la isla de Zanzíbar. El avioncito aterrizó al atardecer.

SANTIAGO (*Dictando*)

Caen las sombras cuando desciendo del pequeño aeroplano entre los arbustos y cocoteros rumorosos de la isla de Zanzíbar, encrucijada de todas las razas, las religiones y las lenguas, tierra de aventuras mil.

KATHIE

La pensión donde me habían reservado alojamiento era una casa vieja llena de árabes y moscas.

SANTIAGO

El misterio de los palacios, los minaretes y las fortalezas encaladas de la isla me va poseyendo mientras un *cooli* trota por las calles semidesiertas, halando el *rickshaw* que me lleva hasta el albergue, un empinado torreón musulmán que atalaya la ciudad.

KATHIE

Pedí una taza de té que me tomé volando, me vestí volando, y pese a que la administradora me recomendó que no lo hiciera, salí volando a conocer esa ciudad con nombre de película.

SANTIAGO

Sirvientes morenos que hablan swahili y practican el animismo me ofrecen un cocimiento de hierbas que evapora mi cansancio. Un baño de vapor y unos masajes por muchachas negras de manos diestras y pechos erectos me devuelven la energía, la audacia. Pese a que me advierten los riesgos que corre una mujer en la noche de Zanzíbar —robo, estupro, crimen— salgo a explorar la ciudad.

KATHIE

Las calles eran angostitas, olía a animales, a plantas. Pasaban tipos con vestidos típicos. Andando, andando, llegué a un edificio que parecía un palacio...

SANTIAGO

Me pierdo en el laberinto de veredas angostísimas, indescifrable geografía de escaleras, terrazas, balcones, frontispicios de piedra. Me escoltan los relinchos de los caballos salvajes del bosque y me embriaga el perfume del clavo de olor. ¿Y este edificio de celosías afiligranadas, puertas con clavos de bronce y columnas danzantes? ¡Es el Palacio del Sultán! Pero no me detengo y sigo avanzando, entre musulmanes enturbantados, mendigos plañideros, prostitutas silbadoras de flautas, muchachos de pieles de ébano y dientes blanquísimos que me desnudan con los ojos, hasta llegar a una placita donde un pálpito me dice que estuvo el mercado de esclavos...

TELÓN

ÍNDICE

Impreso en el mes de abril de 1983
en Romanyà/Valls,
Verdaguer, 1
Capellades
(Barcelona)